ERZÄHLUNG

Ilse Kleberger

für 2:0 Oma

➤─◉─➤ **Von Ilse Kleberger sind
in den Ravensburger
Taschenbüchern
außerdem erschienen:**

RTB 2042
Unsre Oma

RTB 2064
Ferien mit Oma

RTB 2091
Villa Oma

2:0 für Oma

RAVENSBURGER BUCHVERLAG

Mit Bildern von Rolf Bunse

Lizenzausgabe
als Ravensburger Taschenbuch
Band 2088,
erschienen 1997
Erstmals in den Ravensburger
Taschenbüchern erschienen 1982
(als RTB 745)

Die Originalausgabe erschien 1979
im Erika Klopp Verlag, Berlin
© 1979 Erika Klopp Verlag, Berlin

Umschlagillustration: Rolf Bunse

RTB-Reihenkonzeption:
Heinrich Paravicini, Jens Schmidt

Printed in Germany

Die Schreibweise entspricht den
Regeln der neuen Rechtschreibung.

6 5 4 3   02 01 00

ISBN 3-473-52088-8

ERZÄHLUNG

S. 81-96 aus erstem Buch

Die Völkerschlacht

Jan riss so leise wie möglich die letzte Seite aus seinem Schulheft. Frau Schmitz, die vorne an der Tafel die neuen Rechenaufgaben erklärte, sollte es nicht hören.

Er zerlegte das Papier sorgfältig in lauter schmale Streifen, rollte einen davon zusammen, kniffte ihn in der Mitte, feuchtete ihn mit Spucke an und zog ein Katapult aus der Tasche.

Er spannte das Papier in das Gummiband zwischen den beiden Hölzchen, und gerade, als Frau Schmitz sagte: „Also – wie ihr seht, ist x gleich y plus a hoch 2", zielte er auf den wuscheligen schwarzhaarigen Hinterkopf drei Reihen schräg vor sich und schoss.

Ein lauter Ausruf „Maledizione!" ertönte.

Die Schüler, die eifrig die Rechenaufgabe von der Tafel abschrieben, schauten hoch.

Frau Schmitz fuhr herum: „Wer war denn das? Mario, du? Hast du die Aufgabe nicht verstanden? Aber dann frag doch auf Deutsch. Wenn du in eine deutsche Schule gehst, musst du deutsch sprechen. Also, sag, was dir nicht klar ist!"

Der schwarzhaarige Junge rieb sich den Hinterkopf und antwortete nicht.

„Also?", fragte Frau Schmitz ungeduldig, aber als er nur finster vor sich hin starrte, zuckte sie mit den Schultern und wandte sich wieder der Tafel zu.

Mario sah sich jetzt um und entdeckte mit einem Blick den Haufen von frisch gefalteten Papierstreifen auf Jans Tisch. Seine dunklen Augen blitzten, und er drohte Jan mit der Faust.

Es klingelte zur Pause. Die Kinder sprangen aus den Bänken und drängten hinaus. Mario und Jan vermieden es, an der Tür zusammenzutreffen.

Auf dem Hof lief Mario in eine abgelegene Ecke, wo sich die Gastarbeiterkinder trafen. Er stand dort bald in einem Kreis gestikulierender Jungen und Mädchen, stampfte wütend mit dem Fuß auf und erzählte.

„Maledizione!", rief er wieder und wieder. Das heißt auf Italienisch ungefähr: „Verdammt noch mal!"

8 Die anderen Kinder riefen und schrien auch. Sie scharten sich enger zusammen und blickten zu Jan und seinen Klassenkameraden hinüber, die taten,

als ob sie nichts von dem Aufruhr in der Hofecke bemerkten.

Das Scheppern der Schulglocke zeigte an, dass die Pause zu Ende war. Jan wollte mit einem Satz die Stufen zur Hoftür hinaufspringen, aber er stolperte und fiel hin, weil ihn von hinten jemand am Bein festhielt. Er rappelte sich hoch und sah gerade noch, wie ein Mädchen mit schwarzen Zöpfen eilig in einer Klasse verschwand. „Na wartet", murmelte er, „wartet nur, euch werde ich's schon zeigen!"

„Jan!" Sein jüngerer Bruder Peter zupfte ihn am Ärmel. „Du, ich habe gesehn, wer das war – eins von den Spaghetti-Mädchen, die, deren Bruder in deiner Klasse ist!" Peter blickte empört zu Jan auf. „Diese dämliche Ziege hat dich am Bein gepackt und gezogen. Echt gemein!"

Jan war es peinlich, dass er sich von einem Mädchen hatte zu Fall bringen lassen. „Na und? Halb so schlimm! Der werd ich's schon zeigen, der und ihrem blöden Bruder und den anderen."

Peter hüpfte aufgeregt von einem Bein auf das andere: „Au ja, dufte, da mach ich mit – wir wollen die ganz doll verkloppen!"

Jan nickte gnädig. „Gut, heute Nachmittag, ich weiß, wo sie immer spielen." Er gab seinem Bruder einen nachlässigen Klaps auf die Schulter und verschwand in seiner Klasse.

Peter fühlte sich wie nach einem Ritterschlag. Es war selten, dass sein großer Bruder ihn zu seinen Unternehmungen heranzog. Jan wusste, warum er das tat. Die Italienerfamilie hatte viele Kinder, sechs oder acht, und viele Freunde. Allein würde er gegen sie nichts ausrichten können, da brauchte er dringend Hilfe.

Am frühen Nachmittag radelte deshalb eine ganze Gruppe auf das Wäldchen am Stadtrand zu, voran der dreizehnjährige Jan Pieselang auf seinem neuen, chromblitzenden Rennrad, das er sich mit Zeitungenaustragen verdient hatte. Hinter ihm kam der zehnjährige Peter, der den Rücken des Bruders scharf beobachtete, um möglichst die gleichen sportlichen Bewegungen wie der Ältere beim Radfahren zu machen. In einigem Abstand trat auf einem altmodischen Damenrad Brigitte, die zwölfjährige Schwester der beiden, kräftig in die Pedale. Sie hatte an einem Lederriemen einen Puppenkoffer über der Schulter hängen, der mit einem roten Kreuz geziert war. Auf ihrem Gepäckträger schlenkerte das jüngste der Geschwister, der sechsjährige Rolf, einen Sheriffhut schief auf den Locken, eine Leinentasche umgehängt, in der sich hauptsächlich Bonbons befanden.

Den Pieselang-Kindern folgten ihre beiden Freunde, der dicke Frieder und die rothaarige Karoline von der Hühnerfarm. Frieder hatte an der Lenkstange ein kleines Radio hängen, aus dem der neueste Hit dröhnte. Da er nicht oft Rad fuhr, schwitzte und stöhnte er, während Karoline mit munteren Reden die laute Musik zu übertönen versuchte.

Als der Waldrand in Sicht kam, hielt Jan an.

„Frieder, stell die Dudelei ab, sonst hören die gleich, dass was im Anmarsch ist! Und nun passt alle gut auf!" Er entwickelte den Angriffsplan und verteilte die Rollen.

Jan, Frieder und Peter sollten die „kämpfende Truppe" bilden, Karoline, die besonders gut klettern konnte, „Beobachter" sein und Brigitte, die gerade in der Schule einen Erste-Hilfe-Kursus mitgemacht hatte, als „Krankenschwester" wirken. In kritischen Situationen würden die beiden Mädchen natürlich auch mit in den Kampf eingreifen. Nur der kleine Rolf sollte nicht mitkämpfen. Mutter würde sehr böse werden, wenn ihm etwas zustieße. Jan hatte ihn eigentlich gar nicht mitnehmen wollen, aber mit seinen Luchsohren hatte Rolf irgendwie von der Sache Wind bekommen, und wenn man ihn zurückgelassen hätte, wäre es nicht sicher gewesen, ob er nicht den ganzen Plan den Erwachsenen verraten hätte, von denen man nie wusste, wie sie darauf reagieren würden.

Rolf sperrte entsetzt seine großen Augen auf. „Ich soll nicht mitmachen?", jammerte er. Zum Schrecken der Geschwister holte er tief Luft. Sein kleiner Brustkorb blähte sich, und sie wussten: Gleich würde ein ohrenbetäubendes Gebrüll ertönen, viel lauter als Frieders Hit aus dem Radio.

„Hör mal", sagte Peter hastig zu Jan, „ich weiß, wofür wir ihn einsetzen können. Er kann Munition sammeln, Eicheln und Kastanien und so was, und vielleicht brauchen wir ihn auch als Melder."

Rolf hielt den Brustkorb noch gebläht und blickte fragend Jan an. Als dieser gnädig nickte, ließ er langsam die Luft ausströmen und setzte sich den Sheriffhut fester auf den Kopf. Er fing an, die Bonbons zu essen, um seine Tasche für die Munition zu leeren.

Da, wo die Baracken der Gastarbeiter standen, die beim Bau der neuen Autobahn beschäftigt waren, stieg der Hügel zum Waldrand an. Oben war eine Bank. Jan wusste, dass die Italienerkinder gern dort spielten und die Bank als ihr Eigentum betrachteten. Doch heute schienen sie noch beim Mittagessen zu sein. Bank und Hügel waren leer. Karoline kletterte auf einen Baum, und Jan, Peter, Brigitte und Frieder stellten sich auf die Bank. Der kleine Rolf suchte unterdessen im Wald nach Tannenzapfen, Eicheln und Kienäpfeln.

Die vier auf der Bank und Karoline auf dem Baum fingen an zu rufen: „Spaghettis, Nudelfresser, kommt raus, wenn ihr nicht feige seid! Na los, kommt doch – ihr traut euch wohl nicht? Hach, die traun sich nicht, die Spaghettis!"

Karoline auf ihrem Baum entdeckte den ersten schwarzen Lockenkopf, der sich aus der Barackentür schob, ein zweiter folgte, und schließlich drängten Jungen und Mädchen aus der Tür. Auch andere Barackentüren öffneten sich, und Kinder kamen hervor, große, mittlere, kleine und winzige. Da standen sie und blickten zu Jan und seiner Truppe hinauf. Ein Wutgeschrei erhob sich, als sie die Pieselangs auf ihrer Bank entdeckten. Sie stürmten den Hügel hinauf, allen voran Mario. Hinter ihm lief seine Schwester Maria mit den schwarzen Zöpfen, die eine große Suppenkelle in der Hand schwenkte. Auch viele der anderen waren „bewaffnet" mit Löffeln und Gabeln, so wie sie gerade vom Mittagessen aufgesprungen waren.

Mario war als Erster oben und sprang mit solchem Schwung auf die Bank, dass Jan ins Wanken geriet und ins Gras fiel. Schon war Mario über ihm, aber Jan war stärker und hatte Mario bald auf den Rücken gedreht. Doch die Wut gab Mario neue

Kraft. So rollten sie hin und her. Auch um sie herum tobte der Kampf. Paare wälzten sich in Kiefernnadeln und Sand, andere versuchten, sich gegenseitig von der Bank fortzuziehen. Wie eine Furie wütete Maria, die mit ihrer Suppenkelle hierhin und dahin schlug, dem dicken Frieder auf das Auge und Brigitte, die ihr die Waffe entreißen wollte, auf die Hand.

Am schlimmsten aber waren ihre grellen Schreie: „Ha!" und „Ho!" und „Qui!" und „Basta!" – Schreie, dass einem die Ohren wehtaten. Frieder und Brigitte hielten Maria schließlich fest, aber Frieder musste sie mit einem Schmerzenslaut wieder loslassen, weil einer der winzigen Italiener ihn mit einer Gabel in das runde Hinterteil pikte. Er humpelte zur Seite, und da er durch sein geschwollenes Auge sowieso nicht mehr viel sehen konnte, ging er erst einmal in Deckung.

Auch Brigitte und Karoline ließen sich von Maria in die Flucht jagen. Nur Jan war noch auf dem Hügel und rang mit Mario eng verklammert im Gras. Aber schon wurde er von vielen kleinen Händen gepackt. Sie zerrten ihn am Haar, an Armen und Beinen von Mario fort, schleiften ihn an den Rand des Hügels und warfen ihn mit lachendem Geschrei

„Ecco-ecco-hooo" den Abhang hinunter. Er kullerte durch Brombeergebüsch und Brennnesseln.

Es war nicht zu leugnen: Die Italienerkinder hatten ihre Bank zurückerobert. Sie jubelten, schrien und tanzten, am wildesten Maria, der die Zöpfe aufgegangen waren und die Haare wie schwarze Schlangen um das Gesicht flogen.

Die Pieselangs und ihre Freunde zogen sich hinter das Weidengebüsch am Fuße des Hügels zurück und schauten sich ihre Wunden an. Frieder stellte das Radio an seiner Lenkstange an. „Amore – amore – amore", sang ein knödliger Tenor. Ärgerlich drehte Frieder es wieder ab. Brigitte hatte ihren Erste-Hilfe-Koffer geöffnet. Da lagen fein säuberlich geordnet Mullbinden, eine elastische Binde, Heftpflaster, Heilsalben, eine Schere und eine Augenklappe. Sie klebte Jan geschickt Pflaster auf die zerkratzten Arme und Beine und Peter auf eine Beule am Kopf, verband Karoline einen Riss am Bein und ließ sich von ihr die elastische Binde um das geprellte Handgelenk wickeln. Frieders Auge war nun gänzlich zugeschwollen. Brigitte schmierte ihm sachkundig eine kühlende Salbe darauf. Die

Augenklappe lehnte er ab. „Und was hast du am Bein, du humpelst ja?", fragte sie.

„Ach wo", murmelte Frieder verdrießlich.

„Klar humpelt der", rief Karoline, „den hat doch ein Spaghetti mit 'ner Gabel in den Hintern gepikt!"

„Da müssen wir ein Pflaster draufmachen", meinte Brigitte.

„Quatsch!" Frieder wurde rot.

Brigitte ließ sich nicht abweisen. „Wenn durch die Löcher Bakterien in die Wunde kommen, kann sich das doll entzünden!"

Frieder schüttelte den Kopf und versuchte, mit seinem einen Auge so abwehrend wie nur möglich

zu blicken, aber Karoline, die sich seine Hinterfront betrachtete, rief: „Guckt mal, da sieht man in seiner Hose ja richtig die Pikser von der Gabel. Auweia, wenn da nun Baktellen, oder wie die Dinger heißen, reinkommen und dein Hintern sich entzündet, da kannst du nicht mehr sitzen!"

„Bakterien heißt das", sagte Brigitte. Dann nahm sie ein großes Pflaster und klebte es über die Löcher in der Hose. „Ein bisschen wird das schon nützen!"

Jan saß unter der Weide und starrte finster vor sich hin. „Und was machen wir nun? Wir können doch nicht einfach wieder abziehen?!"

„Nee, wir werden uns von denen doch nicht unterkriegen lassen", rief Peter. „Wo man weiß, dass die Italiener so schrecklich feige sind. Woll'n wir noch mal rauf und sie verhauen?"

„Also, feige fand ich die eigentlich nicht", meinte Brigitte gerecht. „Aber gemein waren sie mit ihren Suppenkellen und Gabeln und Löffeln!"

Plötzlich erschraken sie, weil es im Gebüsch raschelte. Kamen die Italiener zum Gegenangriff?

Doch es war nur Rolf, der mit schiefem Hut, verschmiertem Bonbonmund, zerzaustem Haar und Kiefernnadeln an der Kleidung auftauchte. Er hatte vom Kampf gar nichts bemerkt, weil er so eifrig im

Wald „Munition" gesammelt hatte. Triumphierend schüttete er seine Leinentasche vor ihnen aus. Ein ganzer Berg von Kienäpfeln, Eicheln und Kastanien kullerte heraus. Allerdings hätte Rolf fast wieder geweint, als er die Wunden der anderen entdeckte und merkte, was er versäumt hatte.

Aber Jans Ausruf: „Ha – Klasse, Rolfi, du bist ein Ass!", ließ ihn die Tränen sofort hinunterschlucken. Jans Gesicht hatte sich aufgehellt. „Was der Kleine in der kurzen Zeit alles zusammengegrabscht hat, toll! Und gerade das brauchen wir jetzt."

Rolf wurde puterrot vor Stolz. Die anderen stopften sich die Taschen mit Eicheln, Kienäpfeln und Kastanien voll, und Jan wies Rolf an, den Rest wieder in der Leinentasche zu verstauen und damit in einigem Abstand hinter ihm zu bleiben. „Du bist der Verwalter der Munition, weißt du?"

Rolf nickte in vollem Bewusstsein seiner Verantwortung.

Sie bogen das Weidengebüsch auseinander und lugten zur Bank hinauf. Mario hatte sich darauf in voller Länge ausgestreckt. Maria hockte auf der Lehne, sang mit rauer Stimme und dirigierte dazu mit der Suppenkelle. Die anderen tanzten rund um die Bank herum.

„Na wartet", murmelte Jan, „ihr werdet bald nicht mehr tanzen und lachen!"

Sie beschlossen, die Italiener von möglichst vielen Seiten her anzugreifen. Frieder und Karoline wollten den Hügel von rückwärts ersteigen, sich durch den Wald bis dicht an die Bank heranschleichen, und Karoline würde dort wieder auf einen Baum klettern. Peter sollte sich auf die linke Seite des Hügels begeben und Brigitte auf die rechte. Wenn die vier an Ort und Stelle angekommen wären, würden sie als Signal wie Katzen miauen. Jan, der mit Rolf zusammen erst einmal bei der Weide bleiben würde, wollte dann mit einem „Muuu" das Zeichen zum Angriff geben. Wie würden die „Spaghettis" staunen, wenn plötzlich von vorne, links, rechts, hinten und oben Geschosse auf sie herniederprasselten! Ihre Verwirrung ausnutzend, wollte man sich dann mit Kriegsgeschrei der Bank nähern und sie erobern.

Die Italienerkinder waren viel zu sehr mit sich selbst beschäftigt, um die Bewegungen der feindlichen „Truppen" zu beobachten. Bei dem vierfachen „Miau" horchte Mario zwar kurz auf, glaubte aber, dass die Katzen vor den Baracken um ihr Mittagsbrot bettelten. Es schien alles ausgezeichnet zu klappen.

„Muuu", schrie Jan. Zwar klang es nicht nach Kuhgebrüll, doch ehe sich die Italienerkinder wundern konnten, ging ein Hagel von Geschossen auf sie hernieder.

„Aiuto – Hilfe!", schrie ein Junge und hielt sich den Kopf, ein Mädchen im roten Rock hüpfte auf einem Bein und rieb sich das Knie, und ein kleiner Junge fing sogar an zu weinen. Als mehr und mehr Kienäpfel und Eicheln herabregneten, stolperten die Winzigen den Hügel hinab, und trotz der Protestschreie von Maria folgten die Kleinen, die Mittleren und die Größeren und waren im Nu hinter den Baracken verschwunden.

Nur Mario und Maria hielten noch die Stellung.
Jan, Peter und Brigitte stürmten jetzt den Hügel
hinauf. Frieder brach wie ein Elefant durch das Un-
terholz, und Karoline rutschte mit Windeseile vom
Baum herab. Jan, Peter und Brigitte packten Mario
und versuchten ihn vom Hügel zu werfen,
genauso, wie man es vorhin
mit Jan gemacht hatte.
Frieder und Karo-
line wollten Ma-
ria von der Bank
fortziehen.
Sie klammerte sich eisern daran fest. „Idioti, Bes-
tie!", zischte sie.

Plötzlich ertönte ein Schrei, der so grell und
klagend war, dass die Kämpfenden erschrocken
stillhielten. Aber als sie merkten, dass von ihnen
niemand geschrien hatte, wollten sie wieder weiter-
kämpfen.
Doch Brigitte drehte sich noch einmal um und ließ
entsetzt Marios Arm los. „Jan", rief sie, „sieh mal
den Rolf an! Was ist mit Rolfi los?"
Sie lief den Hügel hinab, wo auf halber Höhe der

kleine Junge im Gras zusammengesunken war, kreidebleich und mit Blut im Haar.

„Jan!", schrie Brigitte grell. „Jan, komm schnell!" Die Kämpfenden ließen voneinander ab, und bald umstanden alle, auch Mario und Maria, den kleinen, schlaff im Grase liegenden Körper mit dem kalkweißen Gesichtchen, der leise vor sich hin wimmerte.

„Rolf", schluchzte Brigitte, „Rolfi, was ist denn?" Maria hatte sich niedergebeugt und versuchte mit einem schmutzigen Taschentuch das Blut zu stillen, das aus der Stirnwunde unter den Locken hervorsickerte.

„Lass das", fuhr Jan sie an. Er drängte sie beiseite und nahm sein eigenes Taschentuch, das noch ein bisschen schmutziger war als das von Maria. Plötzlich aber stutzte er. „Was ist denn das?" Er hob einen Stein auf, der neben dem ins Gras gefallenen zerdrückten Hut lag. Er sprang auf und schrie Mario und Maria an: „Also, mit einem Stein hat einer aus eurer Bande geworfen. So gemein seid ihr – werft mit Steinen – so gemein!"

24 Ein dünnes Stimmchen unterbrach ihn: „Ich habe auch mit Steinen geworfen, weil die Kienäpfel alle waren!" Rolf hatte sich aufgesetzt, immer noch

blass und mit Blut über der Stirn, aber mit weit offenen, stolz blitzenden Augen. Brigitte umarmte ihn glücklich.

Die kleinen und die winzigen Italiener waren jetzt neugierig hinter der Barackenecke hervorgekommen und umstanden Rolf ebenfalls. Mit einem Schwall von italienischen Worten redete Maria auf sie ein. Es klang wie das Knattern eines Maschinengewehres. Sie antworteten ebenso geschwind und gestikulierten und zeigten immer wieder auf Rolf. Maria wandte sich an Jan: „Ecco – so, also: Deine feine Bruder hat zuerst mit Stein geschmeißt – Peppino hat nur zurückgeschmeißt!"

„Trotzdem war das gemein", schluchzte Brigitte, „Rolf ist doch noch so klein."

„Peppino sein auch nicht größer", sagte Maria und stemmte die Fäuste in die Seiten. Tatsächlich war Peppino wohl rundlicher, aber eher noch etwas kleiner als Rolf.

„Trotzdem", schluchzte Brigitte. Dann wandte sie sich an ihre Brüder: „Ich sag euch was – ihr bleibt hier bei Rolf. Er soll sich nicht bewegen, vielleicht hat er eine Gehirnerschütterung – ihr bleibt hier, und ich hole unsre Oma!" Ohne noch eine Antwort abzuwarten, stapfte sie den Hügel hinab, schwang sich auf ihr Rad, das an der Weide lehnte, und sauste davon.

„Ha", rief Peter und sah die Italienerkinder triumphierend an, „ihr werdet's ja erleben. Unsre Oma, die wird euch ganz schön fertig machen. Wenn unsre Oma erst kommt …"

„Du sein ganz still", unterbrach ihn Maria. „Wer schon eure Oma sein? Wenn ihr Oma holen, holen wir die Nonna – basta!"

Sie stieg den Hügel hinab und verschwand in der Tür der Baracke. Die kleinen und die winzigen Italiener drängten hinterher. Auch Mario zog sich langsam von der Gruppe um Rolf zurück.

Es dauerte nicht sehr lange, bis die Kinder Brigitte zurückkommen sahen. Wie erwartet, war sie nicht allein, sondern fuhr hinter einer zierlichen alten Dame her, die einen lila Strohhut auf dem Kopf trug und deren lange Röcke beim schnellen Radfahren flatterten. An der Lenkstange hing eine Handtasche, und quer über den Gepäckträger hatte sie einen Regenschirm geklemmt. Ohne diesen

Schirm ging Oma nie aus. Er diente ihr als Regen-
und Sonnenschutz, als Waffe und zu allem mögli-
chen anderen. Neben Rolf sprang Oma behände
vom Rad und gab es Peter zum Halten. Sie beugte
sich zu dem Verletzten hinab und betastete seinen
Kopf. „Nur eine Schramme", murmelte sie und

dann lauter: „Nun steh
mal auf!"

„Kann er nicht", sagte
Karoline eifrig, „er hat's
versucht, aber er ist im-
mer wieder hingefallen."
Oma bewegte Rolfs Arme
und Beine. Das ging
ganz ohne Schmerzen.

Dann machte sie sich an seinen Hosentaschen zu
schaffen und zog mehrere große Wackersteine heraus. Auch vorne im Höschen steckten einige davon, die ein erhebliches Gewicht hatten. Als Rolf
durch Oma „ausgeräumt" war, sagte sie noch einmal: „Nun steh auf!"

Es ging. Er erhob sich ganz leicht und fiel auch
nicht mehr hin. Es waren wohl wirklich nur die
Steine gewesen, die ihn immer wieder umgeworfen
hatten.

27

Oma betrachtete nachdenklich ihre verschrammten und bepflasterten Enkel. „Wo sind …"

„Die Spaghetti-Fresser?" Jan rümpfte die Nase. „Die haben Angst vor dir und sind abgehauen. Sie wollen irgend so 'ne heilige Frau holen, eine Nonne haben sie gesagt – was die hier wohl soll?"

Oma meinte: „Nonna heißt auf Italienisch Groß-mutter, sie werden von ihrer Oma gesprochen haben."

Sie setzte ihren Hut gerade, der etwas verrutscht war, nahm die Handtasche, ergriff den Regen-schirm und fing an, mit seiner Hilfe den Hügel zu erklimmen. „Da oben ist eine Bank. Ich werde mich dort von der raschen Fahrt ein wenig ausruhen und die Aussicht genießen."

Ehe ihre Enkel ihr sagen konnten, dass die Bank eigentlich den „Spaghettis" gehörte und dass diese es gar nicht gerne sähen, wenn sich jemand anderes auf ihr niederließe, öffnete sich die Barackentür, und die Italienerkinder drängten heraus, so ge-schwind wie ein Korken, der aus einer Sektflasche springt. In ihrer Mitte schoben sie eine alte Frau voran, die einen grauen Haarknoten nachlässig zusammengedreht hatte und eine gestreifte Schürze über dem rundlichen Leib trug. Sie begann den Hügel zu besteigen, hielt aber nach ein paar Schritten nach Luft schnappend wieder an und schüttelte den Kopf. Da sprang Maria vor sie hin und redete auf sie ein, mit blitzenden Augen und wie Vögel flatternden Händen. Immer wieder zeigte sie zur Bank hinauf, wo Oma kerzengerade Platz genommen hatte.

Schließlich nickte die alte Italienerin, ächzte und setzte sich wieder in Bewegung. Mario, Maria und ein paar kleine Italiener schoben von hinten, bis sie oben an der Bank angekommen war, wo sie sich schwer atmend fallen ließ. Als sie ein wenig besser Luft bekam, machte sie eine Handbewegung, als scheuche sie Fliegen fort, worauf Mario, Maria und die anderen Kinder im Nu den Hügel räumten.

Oma und die Nonna blickten sich an. Langsam fingen sie an zu sprechen. Oma zeigte auf ihre Enkelkinder und Frieder und Karoline, die sich am Fuße des Hügels in der Nähe der Weiden zusammengerottet hatten, die Nonna wies auf die ihren und deren Freunde, die sich an der anderen Seite des

Hügels in der Nähe der Baracken dicht aneinander drängten. Gespannt verfolgten die beiden Gruppen, die blonde und die dunkelhaarige, was oben auf der Bank geschah.

Zuerst verlief das Gespräch friedlich, ein Kopfnicken hier, ein Lächeln dort, dann wurde es immer lebhafter. Oma schüttelte den Kopf, was die alte Italienerin veranlasste, die Hände zu ringen. Oma legte ihr beruhigend die Hand auf die Schulter, aber die Nonna schüttelte sie ab und sprach nun immer aufgeregter. Oma erwiderte etwas, und die Italienerin fing jetzt an zu schreien. Omas Stimme wurde auch lauter. Die Kinder am Fuße des Hügels strengten ihre Ohren an, um zu verstehen, was oben gesprochen wurde, aber ein Wind war aufgekommen, der in den Bäumen rauschte und verhinderte, dass sie mehr als ein paar Gesprächsfetzen hörten.

„Aber, meine Liebe …", rief Oma, und „No, no, no, no …", schrie die Nonna.

„Das glaube ich einfach nicht!", schmetterte Oma.

„Die gibt's der alten Schachtel ganz schön!", sagte Jan befriedigt.

Aus dem Kreise
der Italienerkinder
ertönten anfeuernde
Rufe: „Nonna, Nonna!"
Die beiden auf der Bank kümmerten sich nicht
darum, was unten geschah. Sie sprachen immer
heftiger aufeinander ein. Plötzlich griff Oma nach
dem Regenschirm, der hinter ihr an der Bank
lehnte, und hob ihn.

„Jetzt wird sie ihr eins mit dem Schirm auf den Dutt
geben, Klasse!", rief Peter begeistert, aber zur
großen Enttäuschung der Pieselang-Kinder ließ
Oma den Schirm sinken und zeichnete damit im
Sand. Jetzt redete nur noch die Nonna, laut und
herrisch, und Oma sah still vor sich hin.

„Sie lässt sich von ihr kleinkriegen!", jammerte Brigitte.

Wirklich sah es oben nicht mehr nach Kampf aus.
Oma nickte ergeben, und sie und die Italienerin

schüttelten sich die Hände. Unter dem Jubelgeschrei ihrer Enkel, die glaubten, die Nonna käme
siegreich heim, schritt die Italienerin mit im Winde
flatternden Röcken den Hügel hinab. Mächtig und
triumphierend kam sie dahergerauscht. Oma blickte
nach dem Himmel, an dem dunkle Gewitterwolken
aufzogen, suchte Schirm und Handtasche zusammen und gesellte sich zu ihren Enkeln. „Wir müssen
schnell heimfahren, damit wir nicht ins Gewitter
kommen!"

Sie hob Rolf auf den Gepäckträger ihres Fahrrades,
hängte Schirm und Handtasche an die Lenkstange
und fuhr davon. Schweigend folgten ihr die Kinder
unter den Klängen eines Wiener Walzers aus Frieders Radio. Unterwegs radelte Jan an Omas Seite.
„Sag mal", fragte er mürrisch, „hast du dich von
der alten Schlampe breitschlagen lassen?!"
„Das ist keine alte Schlampe, sondern eine sehr
kluge Frau", sagte Oma tadelnd.
„Findest du sie klug, weil sie dir eingeredet hat,
dass wir schuld wären?"

Oma sah ihn erstaunt an. „Aber wir haben doch
über etwas viel Wichtigeres geredet. Über euch wa-

ren wir sofort einer Meinung, nämlich, dass ihr ziemlich dumm seid, euch gegenseitig die Köpfe einzuschlagen, anstatt miteinander zu spielen. Verschiedener Meinung waren wir über etwas ganz anderes, nämlich über ein Pizzarezept. Ich glaubte, es ginge auch ohne Knoblauch, aber die Nonna meinte, Knoblauch gehöre unbedingt dazu. Ich hab mich von ihr überzeugen lassen. Schließlich muss sie es ja besser wissen, weil es ihr Nationalgericht ist."

Jan brauste auf. „Die Italiener sind unsere Feinde, und du redest mit ihr übers Kochen!"

Oma stemmte sich gegen den stärker werdenden Wind und radelte eine Weile schweigend. Als sie in den Windschatten der ersten Häuser des Dorfes kamen, holte sie Luft und sagte: „Kochen ist etwas sehr Wichtiges. Wenn die Politiker der Welt mehr überlegen würden, wie sie die Menschheit satt bekämen, statt sich die Köpfe darüber zu zerbrechen, was für neue Waffen sie noch anschaffen müssten, gäbe es mehr zufriedene Menschen und weniger Kriege."

Jan brummte ärgerlich vor sich hin, aber vom Gepäckträger her piepste Rolfs Stimmchen: „Ich will aber nicht mit den Italienern spielen, die sind mir viel zu blöde. Die können ja noch nicht mal richtig sprechen. Der Peppino sagt immer ‚die Haus‘ und ‚der Kind‘, dabei heißt es doch ‚das Haus‘ und ‚das Kind‘.“

Oma drehte sich nach ihm um. „Ich glaube nicht, dass der Peppino blöde ist. Ich weiß zufällig, dass er ganz fließend und fehlerfrei Italienisch sprechen kann.“

„Was?“ Rolf wäre vor Erstaunen fast vom Gepäckträger gefallen. „Fließend Italienisch? Ehrlich? Und dabei ist er doch noch so klein!“

Jan sagte wütend: „Na, weil er Italiener ist. Da muss er ja wohl seine Muttersprache sprechen können.“

Oma nickte. „Stimmt schon, aber ich finde, dass er für die kurze Zeit, die er erst hier ist, nicht schlecht Deutsch spricht. Ich weiß nicht, ob ihr so gut Italienisch könntet, wenn ihr erst ein halbes Jahr in Italien wärt.“

Jan murrte: „Kann sein, dass sie nicht dumm sind. Aber unverschämt und frech sind sie bestimmt!“

34

Unterdessen waren sie an Pieselangs Fachwerkhaus angekommen. Oma stieg vom Rad. „Vielleicht irrt ihr euch, und wahrscheinlich sagen die Italiener kinder gerade von euch genau dasselbe. – Übrigens sind wir morgen, am Sonntag, alle bei ihnen zum Spaghetti-Essen eingeladen."

Die Kinder sahen sich an. Sie wussten nicht, ob sie sich freuen oder ärgern sollten. Sie hatten sich Omas Hilfe anders vorgestellt.

Ein Donnergrollen unterbrach ihre Gedanken. „Gleich wird es regnen", rief Oma, „ich muss noch die Wäsche abnehmen! Peter, hilfst du mir bitte dabei?"

Doch auf dem Weg zum Küchengarten, wo an einer Leine Hemden, Hosen, Bett- und Tischtücher wild im Winde flatterten, drehte sie sich noch einmal um: „Himmel, da hab ich ja etwas vergessen. Brigitte, sei so lieb, nimm den Regenmantel und fahr noch mal zur Bank zurück. Vergiss aber Papier und Bleistift nicht. Vielleicht schaffst du es, bevor der Regen kommt, und kannst mir das Pizzarezept aufschreiben, das die Nonna mir verraten hat und das ich dort in den Sand geritzt habe. Es wäre schade, wenn der Regen es auslöschte!"

Spaghetti

Rolf stand vor dem Regal im Kinderzimmer, in dem sich seine Spielsachen befanden.

In wildem Durcheinander lagen hier die Stofftiere und Legosteine, die Eisenbahn, die Autos und die Bilderbücher.

Im obersten Fach dagegen herschte Ordnung. Hier lagen die Hüte, einer neben dem anderen – der Indianerkopfschmuck, der Cowboyhut, der Zaubererhut, der Ritterhelm, die Polizeimütze, der Sheriffhut, der Feuerwehrhelm, die Seglermütze, der Tirolerhut und der Motorradhelm.

Oma öffnete die Tür. „Rolf, wir müssen gehen!"

Rolf griff nach dem Ritterhelm und stülpte ihn sich auf, kramte in dem Fach darunter und zog ein Blechschwert hervor.

Oma schüttelte den Kopf. „Was willst du denn damit? Wir sind zum Essen eingeladen, und dafür sind der Helm und das Schwert ein bisschen unpraktisch."

Rolf sah sie ungewiss an. „Aber wenn sie mir wieder auf den Kopf hauen?"

„Wenn du ihr Gast bist, werden sie es sicher nicht tun, und wenn du nicht anfängst zu zanken, wird bestimmt nichts passieren."

„Aber was soll ich denn dann aufsetzen?"

Oma betrachtete die Hutgalerie. „Vielleicht den Tirolerhut?"

Rolf schüttelte energisch den Kopf.

„Oder die Seglermütze?"

Kopfschütteln.

„Nimm den Feuerwehrhelm, der wird dich gut beschützen, sogar wenn es brennt. Und statt des Schwertes nimm die Wasserpistole."

Das war eine gute Idee, und bald darauf gingen sie Hand in Hand die Treppe hinab. Unten öffnete Oma die Tür zu Jans und Peters Zimmer. Jan saß auf einem Stuhl, hatte die Beine auf dem Tisch und las in einem Indianerbuch. Peter lag auf dem Fußboden und ließ kleine Rennautos über eine selbst gebastelte Autobahn sausen.

„Kommt jetzt", sagte Oma, „die Volpones erwarten uns um ein Uhr."

37

„Ich gehe nicht mit zu den Spaghetti-Essern, hab keine Zeit, muss Schularbeiten machen", murmelte Jan.

„Seit wann machst du am Sonntag Schularbeiten? Aber solchen erfreulichen Fleiß kann man ja nur loben, davon darf man dich nicht abhalten", meinte Oma. „Und du, Peter?"

Peter wurde rot: „Ich gehe auch nicht mit!"

„Auch Schularbeiten?"

Peter fing an zu stottern: „Nein, aber wenn Jan nicht geht, habe ich auch keine Lust – und dann kann ich die Spaghetti-Leute nicht leiden. Und außerdem hat Jan gesagt, dass es im Fernsehen so 'n spannenden Western gibt!"

Jan stieß seinen Bruder mit dem Fuß an. „Kannst du denn deinen Mund nicht halten?"

„Aber habt ihr denn gar keinen Hunger?", fragte Oma.

Jan meinte leichthin: „Mutter wird uns schon was zu essen machen."

38

„Mutter ist mit Vater in die Stadt gefahren." Oma nickte freundlich. „Na, dann auf Wiedersehn bis heute Nachmittag – und, Jan, überarbeite dich nicht." Sie schloss die Tür hinter sich.

Die Brüder sahen sich an.

„Nichts zu essen heute Mittag?", fragte Peter mit bebender Stimme.

„Ach, stell dich nicht so an, wirst schon nicht verhungern!", meinte Jan ärgerlich und tat, als ob er sich wieder in sein Buch vertiefte. Noch einmal steckte Oma den Kopf zur Tür herein. „Wo ist Brigitte?"

„Die ist bei Karoline auf der Hühnerfarm", antwortete Jan mürrisch. „Brigitte isst wahrscheinlich auch lieber Hühnerbraten als Spaghetti."

Eine halbe Stunde später klopfte Oma an die Tür der Baracke, in der die Familie Volpone wohnte.

Mario öffnete. „Nonna", rief er, „komm her!", und verzog sich rasch wieder in den Hintergrund der großen Wohnküche, wo Maria am Herd stand und in einem Topf rührte. Die Nonna, die am

Küchentisch Gemüse klein geschnitten hatte, rief: „Buon giorno, buon giorno, kommen Sie 'erein!"
Sie hielt die Hände unter die Wasserleitung, trocknete sie an der Schürze ab und eilte auf Oma und Rolf zu. Oma überreichte ihr einen großen, bunten Blumenstrauß, den sie noch rasch in Pieselangs Garten gepflückt hatte.

„Che bello", rief die Nonna, „mach ihn in Vase, Julia!"

Sie gab den Strauß einem hübschen jungen Mädchen, das zusammen mit Alessandro, einem jüngeren Bruder, den Tisch deckte. Zwei etwa dreijährige Mädchen, die sich ähnlich sahen wie ein Ei dem andern, balgten sich auf dem Fußboden mit einer jungen Katze. Die Nonna lachte und schob das Pärchen samt Katze mit dem Fuß beiseite. „Platz da, Platz machen, aufhören, basta!" Und sie klatschte in die Hände.

„Aber wo sein andere Enkel, sein das alles?" Sie betrachtete Rolf zweifelnd, der sie unter seinem Feuerwehrhelm kriegerisch anstarrte.

„Leider, leider ...", fing Oma an, als an die Tür geklopft wurde.

Draußen standen Jan und Peter. „Wir wollten nur fragen, ob unsre Oma ..."

Aber schon griff die Nonna den einen links und den andern rechts und zog sie herein.

„Da sie sein", rief sie fröhlich, „avanti, 'erein, Spaghetti gleich fertig – subito!" Sie eilte wieder zum Küchentisch, um Tomaten zu schneiden.

„Eigentlich wollten wir dich nur fragen …", flüsterte Jan Oma zu, aber Peter stieß ihn in die Seite.

„Mensch, wie das riecht! Ich bleib hier!"

Wirklich quollen aus der Herdecke köstliche Düfte nach Zwiebeln, Tomaten, heißem Fett, gehacktem Fleisch, Knoblauch und Kräutern.

„Setzen, setzen!", rief die Nonna, doch es klopfte schon wieder, die Tür wurde vorsichtig einen Spaltbreit geöffnet, und Brigittes blonder Kopf schob sich herein. „Ist Oma hier?"

„Noch ein Enkel?", rief die Nonna entzückt. „Avanti, 'erein, machen wir mehr Spaghetti!"

„Oma", flüsterte Brigitte, „komm mal raus!"

Draußen standen außer Karoline von der Hühnerfarm noch Claudia, eine gemeinsame Klassenkameradin der beiden, und der dicke Frieder.

„Ich wollte ja eigentlich überhaupt nicht kommen", sagte Brigitte, „ich kann ja die Italiener eigentlich gar nicht leiden, aber Karolines Mutter hat gesagt, die können gut kochen, und Karoline wollte unbedingt herkommen, und unterwegs haben wir Claudia getroffen, und die wollte auch mit, hat schnell ihrer Mutter Bescheid gesagt, und dann fand Karoline, der Frieder müsste auch mit, weil er doch gegen die Italiener gekämpft hat, und nun sind wir alle da."

„Warum hast du denn deinen Rotkreuzkoffer mit?", fragte Oma.

Brigitte meinte verlegen: „Na ja, ich dachte, falls sich jemand vergiftet!"

Die Tür hinter ihnen flog auf. „Pronto, pronto – Spaghetti sein fertig!", rief die Nonna und klatschte wieder in die Hände.

Als sie das Grüppchen von Kindern um Oma stehen sah, meinte sie erfreut: „Noch mehr Enkel, noch mehr ragazzi, machen wir noch mehr Spaghetti – Julia schmeiß neue Spaghetti in Topf – aber nun avanti, 'erein, alle 'erein!"

Die Nonna führt Oma an die Schmalseite eines langen Tisches, wo ein besonders bequemer gepolsterter Stuhl stand. Sie selbst setzte sich an die andere Schmalseite in der Nähe des Herdes. „Habt alle Platz, ragazzi, subito!", rief sie und machte einladende Handbewegungen nach beiden Seiten des Tisches hin.

Peter, Jan, Frieder, Brigitte, Claudia, Karoline und der kleine Rolf ließen sich eng nebeneinander an der einen Seite des Tisches nieder. Die andere Seite wurde nicht so rasch besetzt. Maria hob die Zwillinge auf zwei Stühle, aber sie saßen zu tief, nur die lachenden schwarzen Augen schauten über die Tischkante. Alessandro, der vorhin den Tisch gedeckt hatte, schleppte Kissen herbei, die den beiden untergeschoben wurden. Sie quietschten, strampelten, rutschten gleich, als Maria ihnen den Rücken zudrehte, wieder von ihrem Kissenberg hinunter und liefen rund um den Tisch. Maria versuchte sie einzufangen, und Alessandro und Peppino rannten hinterher, bis Peppino über Alessandros Beine stolperte und der Länge nach hinfiel.

„Dio mio", rief die Nonna, „was für ein Lärm! Aber wo bleibt der Papa – Mario, hol der Papa!" Dann griff sie nach den vorbeisausenden Zwillingen und drückte sie lachend rechts und links an ihre breite Brust. „Tinina, du sein ganz brav!" Als die beiden in ihren Armen wild zappelten, verteilte sie abwechselnd Küsse und Klapse.

44 Eine Tür im Hintergrund des Raumes öffnete sich, und Alessandro trat mit einem freundlichen, großen Mann herein.

„Papa, Papa!" Die Zwillinge strampelten sich aus den Armen der Nonna frei und umfassten je ein Bein des Vaters. Der hob sie hoch und drückte sie an sich. Dann setzte er die beiden auf ihre Stühle und nahm den Platz neben Oma ein.

„Entschuldigen Sie diesen Durcheinander, Signora, entschuldigen Sie vielmals. Ich bin Alfonso Volpone, Vater von diese wilde Bande!" Seine Augen blitzten stolz, als er die nun endlich auf ihren Stühlen sitzenden Kinder vorstellte: „Dort ist Alessandro: neun Jahre, dann Mario: dreizehn, Maria: zwölf, Tina und Nina – eigentlich sie sein eine einzige Person, darum wir nennen sie nur Tinina –, Tinina sein drei Jahre alt, dann kommt Peppino: fünf, Julia – molto brava, serr brav – achtzehn."

Die errötende Julia stellte den Topf voller Spaghetti mit Ragout und Soße auf den Tisch und fing an, die Teller zu füllen. Als jeder seinen dampfenden Spaghetti-Berg vor sich hatte, setzte sie sich zwischen die Zwillinge und begann sie zu füttern.

„Buon appetito, gutten Appetit!", rief die Nonna. Die Volpone-Kinder drehten mit den Gabeln rasch die Spaghetti zu kleinen Paketchen zusammen und ließen sie geschickt in ihren Mündern verschwinden. Dazwischen schwatzten sie italienisch miteinander. Der Papa schlug auf den Tisch. „Sentite! Ihr deutsche Gäste 'abt, ihr müsst sprechen deutsch! Ist – wie sagt man doch gleich – un'öflich, sprechen italienisch, was deutsche Gäste nix verstehn!"

Die Italienerkinder schwiegen nun auch. Mario schaute trotzig auf seinen Teller, und Maria starrte über die Schüssel mit Spaghetti hinweg finster den Jan an.

„L' insalata!", rief die Nonna. „Maria, hol insalata."

Maria stand auf und stellte vor jeden einen Teller mit gemischtem frischem Salat, das heißt, den deutschen Kindern knallte sie die Teller mit missbilligendem Nachdruck hin. Es war ein ungemütliches Essen, obgleich Papa Volpone mit Oma ein freundliches Gespräch führte und die Nonna den deutschen Kindern anfeuernde Rufe gab, sie sollten es sich schmecken lassen.

Aber rechts und links des Tisches saßen sich zwei feindliche Fronten gegenüber, schweigend und hasserfüllt.

Auch hatten die deutschen Kinder mit den unge-
wohnten langen Nudeln ihre Mühe. Zu ihrem
Groll mussten sie von ihren Feinden abgucken, wie
man damit fertig wurde. Sie versuchten, ebenso
hübsche Paketchen zu wickeln und in den Mund zu
stecken wie die Italiener, aber bevor sie sie im
Mund hatten, rutschten sie ihnen immer wieder
von der Gabel und klatschten in die Soße. Die neue
weiße Bluse von Brigitte und das karierte Sonntags-

hemd von Peter waren schon mit roten Tomaten-
flecken übersät. Es schmeckte nicht schlecht, aber
was hatte man davon, wenn man kaum etwas in
den Mund bekam. Am schwierigsten fand Rolf die
ungewohnte Mahlzeit. Er drehte mit der Gabel in
dem Spaghetti-Haufen auf seinem Teller herum, bis
die ganze Menge zu einem großen Klumpen wurde,
den er unmöglich in den Mund stopfen konnte.

47

Doch er wehrte empört ab, als Oma ihm anbot, die Spaghetti für ihn zu zerschneiden, wie Julia es für Tina und Nina tat. Er protestierte mit einem Blick auf den geschickt speisenden Peppino: „Ich bin doch kein Baby mehr!"

Er mühte sich weiter ab. Als er schließlich einmal ein kleines Paketchen Spaghetti auf der Gabel hatte und in den Mund führen wollte, rutschte es ihm wieder herunter und fiel nicht auf den Teller, sondern auf seinen Schoß. Glitschige, bewegliche Dinger schlüpften über seinen Oberschenkel unter dem kurzen Höschen. Rolf erschrak. „Oma", rief er entsetzt, „Oma – sind die lebendig?"

Nach einem verblüfften Schweigen brach Maria als Erste in ein schallendes Gelächter aus, und alle anderen stimmten ein: die deutschen und die italienischen Kinder. Rolf war puterrot geworden unter seinem Feuerwehrhelm. Tränen der Wut traten ihm in die Augen, er zog seine Pistole und gab einen scharfen Wasserstrahl auf den ihm gegenübersitzenden Peppino ab, der sich vor Lachen krümmte. Ein neuer Lachsturm der Versammlung folgte, als Peppino mit patschnassem Gesicht verdutzt dasaß. Maria, Mario und Alessandro lachten und die deutschen Kinder auch. Die Nonna hielt sich vor

Lachen den runden Bauch, und der Papa wischte sich die Lachtränen aus den Augen. Auch Oma schmunzelte. Nur Rolf lachte nicht. Er saß vor seinem Spaghetti-Teller, den Feuerwehrhelm tief in die Augen gezogen, damit niemand sah, dass ihm immer neue Tränen in die Augen traten. Aber die anderen merkten doch, dass er weinte, weil die Tränen jetzt anfingen, über seine Backen zu kullern.

Die Nonna sprang auf. „Mamma mia, povero bambino – nicht weinen, Nonna macht dir rasch eine Pizza, gute Pizza von gestrige Tag – subito!" Sie eilte davon und schob etwas in den Ofen. „Zehn Minuten und piccolo Rolf braucht keine dummen Spaghetti essen!"

Aber niemand kümmerte sich mehr um Rolf, weil sich schon wieder etwas Neues ereignete. Die Katze hatte den Wirbel ausgenutzt, war auf den Tisch gesprungen und steckte zum Jubel der Kinder eine Pfote in den Spaghetti-Topf. Julia sprang auf, packte die Katze am Nackenfell und trug sie vor die Tür.

Die Zwillinge nutzten es aus, dass ihre Bewacherin nicht mehr neben ihnen saß, und versuchten, es der Katze nachzumachen. Sie stiegen auf ihre Stühle, griffen mit beiden Händen in den Topf und stopften sich die langen Nudeln in die Münder. Die Soße tropfte auf den Tisch und ihre Kleider.

„Mamma mia", rief Julia und zerrte sie auf ihre Stühle zurück, wo sie schließlich kichernd, tomatenverschmiert und mit langen Spaghettibärten wieder landeten. Sie waren sehr stolz über den Lacherfolg, den sie hatten.

Maria, Mario und Alessandro zeigten jetzt den deutschen Kindern den Trick, wie man Spaghetti richtig isst. Schließlich aßen Frieder und Jan ihre Teller unter den anfeuernden Rufen der anderen um die Wette leer. Nur Rolf schaute nicht hin, sondern saß am Tisch, das Gesicht in die Hände gestützt, in finsterem Schweigen, bis die Nonna mit einem großen Stück Pizza auf einem Teller erschien und es vor ihn hinstellte. Er wollte zuerst nicht essen, aber die Pizza duftete verführerisch. Nun, ein winziges Stückchen wollte er vielleicht probieren, doch es schmeckte zu gut. Er aß den ganzen Teller leer. Die Nonna strahlte, zeigte auf ihn und rief Oma triumphierend zu: „Pizza mit Knoblauch!"

Beim Karamelpudding, den Julia jetzt auftischte, gab es keine feindlichen Fronten mehr. Brigitte hatte Tina und Karoline Nina auf dem Schoß und fütterten sie, Mario, Jan und Alessandro redeten über den Tisch hinweg vom Fußball, Peppino borgte sich von Rolf Helm und Spritzpistole aus, die Nonna rief Oma das Rezept des Karamelpuddings zu, Maria und Julia, die am Küchentisch in einer großen Schüssel Teller abwuschen, warfen ab und zu teils italienische, teils deutsche Worte in die verschiedenen Gespräche ein. Julia winkte Rolf und ließ ihn den Puddingtopf auskratzen.

Papa Volpone blickte in die Runde und lachte vergnügt. „Gutte Freunde zu Besuch, bene, benissimo!" Sein Gesicht verdunkelte sich.

„Wenn nur Mamma dabei sein könnte." Er sah Oma traurig an.

„Mamma von diese Kinder, meine liebe Frau Serafina, sein tot, bei Geburt von Tinina. Julia sehen ihr ganz gleich – darum Julia Liebling von mir."

Nach dem Essen stürmten die Kinder nach draußen. Zuerst spielten sie Völkerball, und als sie müde wurden, setzten sie sich – Deutsche und Italiener eng nebeneinander – auf die Bank auf dem Hügel und erzählten sich etwas.

Auf dem Heimweg waren sich die Pieselangs einig, dass die Italienerkinder „gar nicht so schlimm" waren, wie Brigitte sagte. Rolf war nicht mehr unglücklich, doch recht schweigsam. Er konnte abends schlecht einschlafen, wälzte sich im Bett herum und dachte über das missglückte Spaghetti-Essen nach. Schließlich fasste er einen Entschluss.

Am Montagmorgen kam Jan erst zehn vor acht Uhr zum Frühstück. Er konnte es sich eigentlich nicht leisten, wieder zu spät zur Schule zu kommen. Er schlurfte eilig mit offenen Schuhen daher.

„Oma", rief er, „wo sind meine Schnürsenkel? Ich habe keine Schnürsenkel mehr in den Schuhen! – Hast du meine Schnürsenkel?", fragte er Peter, der gerade mit der Schulmappe auf dem Rücken zur Tür hinausgehen wollte.

„Du spinnst wohl, ich brauche ja gar keine", brummte Peter, der am liebsten Gummistiefel trug.

52

„Vielleicht hat Mutter die Schnürsenkel herausgenommen, weil sie mal wieder zerrissen und geknotet waren", meinte Oma. Aber als die Mutter vom Hühnerfüttern hereinkam, schüttelte sie den Kopf. „Zieh andere Schuhe an", meinte sie.

Jan hüpfte auf Socken zum Schuhschrank und fischte sich ein paar braune Halbschuhe heraus. Aber auch hier fehlten die Senkel. Mit einem Wutschrei sprang er in die Küche. „An all meinen Schuhen sind die Schnürsenkel fort, selbst an den neuen. Was war denn das für ein Witzbold?"

Oma zuckte mit den Schultern. „Dann nimm die Sandalen!"

In letzter Minute, das Frühstücksbrötchen erst halb aufgegessen in der Hand, stieg Jan auf sein Fahrrad, um zur Schule zu radeln.

Brigitte musste heute eine Stunde später zum Unterricht. Wie immer kam sie pünktlich. Als sie die Hausschuhe auszog, um in die Straßenschuhe zu schlüpfen, stutzte sie.

„Oma, ich habe keine Schnürsenkel in den Schuhen. Die waren aber doch ganz neu. Wo sind sie?"

Oma, die sich gerade ein Brötchen mit Honig strich, hielt ein, runzelte die Stirn und blickte nachdenklich in ihren Kaffee. „Es hat keinen Zweck, nach den Sonntagsschuhen zu suchen", meinte sie schließlich, „die werden auch keine Schnürsenkel haben. Zieh die Sandalen an."

„Und wenn es regnet, dann krieg ich nasse Füße!", maulte Brigitte.

Als auch Brigitte das Haus verlassen hatte, ging Oma an den Schuhschrank und schaute nach. Tatsächlich fehlten an sämtlichen Schuhen der Familie, bis auf die von Vater Pieselang, die Senkel. Oma schüttelte verwundert den Kopf. Sie ging in Jans und Peters Zimmer und sah sich um. Da war kein Schnürsenkel zu entdecken, ebenfalls nicht in Brigittes Zimmer.

Schließlich stieg Oma die Treppe hinauf, wo Rolfs Kämmerchen war. Rolf schlief sonst um diese Zeit noch. Leise öffnete sie die Tür. Der Junge saß in seinem karierten Schlafanzug auf dem Bett, hatte auf den Knien eine Schüssel und in der Hand eine Gabel, mit der er sich abmühte, die in der Schüssel befindlichen Schnürsenkel zu Paketchen zu drehen.

54   „Was machst du denn da?", fragte Oma verwundert.

Rolf, der so versunken gewesen war, dass er sie

nicht gehört hatte, zuckte zusammen. Er sah sie unsicher an. „Ich versuche, Spaghetti zu essen."

Oma schüttelte den Kopf. „Mit Schnürsenkeln
wirst du das kaum lernen." Sie setzte sich auf den
Bettrand und dachte eine Weile nach. Schließlich
sagte sie: „Ich habe eine Idee – wir lassen dir Nachhilfeunterricht geben!"

Rolf machte große Augen. Er wusste, dass Jan
Nachhilfeunterricht in Mathematik hatte. Nun ja,
warum sollte er nicht Nachhilfeunterricht im Spaghetti-Essen bekommen?"

Nach dem Frühstück ging Oma mit Rolf einkaufen. Sie machten dabei einen Umweg zu Volpones Baracke. Die Nonna hörte sich verständnisvoll an, was Oma und Rolf ihr vortrugen. „Ma si, gerne, machen wir!", meinte sie schließlich.

Zweimal in der Woche aß Rolf jetzt zur „Nachhilfe" bei den Volpones Spaghetti. Schließlich konnte er es besser als alle seine Geschwister. Er konnte mit seiner kleinen Hand in Windeseile zierliche Nudelpaketchen zusammenwirbeln und sie fein säuberlich und ohne sie von der Gabel fallen zu lassen in den Mund stecken. Er konnte einen großen Teller davon in solcher Schnelligkeit vertilgen, dass die Geschwister ganz neidisch waren.

„Jetzt bin ich auch ein echter Spaghetti-Fresser", sagte er stolz zu Oma.

Freundschaften

Die Familie saß am sonntäglichen Frühstückstisch.

„Rolf, gib mir bitte das Salz herüber", bat der Vater.

„Si, soforto", antwortete Rolf.

Der Vater blickte erstaunt auf, aß dann aber schweigend weiter sein Ei.

„Kommst du nachher mit auf den Sportplatz zum Fußballspielen?", fragte Jan Peter.

„Ach prego, nehmt mir auch mitto!", piepste Rolf.

„Was ist denn in den Jungen gefahren, wie spricht er denn?", wandte sich Vater Pieselang, der als Lehrer Wert darauf legte, dass die Kinder ein gutes Deutsch sprachen, irritiert an Oma, die bekannt dafür war, dass sie immer alles wusste, was die Kinder betraf.

„Ich glaube, er spricht italienisch", meinte Oma.

Rolf nickte bestätigend.

„Der spricht kein italienisch, der spricht ‚Gulasch'", sagte Peter.

„Was soll denn das nun wieder heißen?", fragte der Vater.

Peter grinste. „Er quatscht alles durcheinander, italienisch und deutsch, so wie im Gulasch Rindfleisch und Schweinefleisch durcheinander gewürfelt sind – stimmt doch, Oma?"

„Dabei spricht er ja gar nicht richtig italienisch", kicherte Brigitte, „der hängt nur an alles ein o ran und glaubt dann, die Italiener könnten ihn verstehn!"

„Ist überhaupt nicht wahr", rief Rolf, dem Weinen nahe, „ich weiß, dass si ja heißt und no nein und prego bitte und grazie danke, und ich weiß, was Spaghetti und Gelato ist!"

„Für den Anfang finde ich das eine ganze Menge, mach nur so weiter, Rolf!", meinte Oma.

„Außerdem weiß ich, wer ‚Topolino' ist, und ihr nicht!", rief Rolf triumphierend. „‚Topolino' ist nämlich die italienische Mickymaus!"

„Na, damit kannst du ja schon beinahe dein Abitur in Italien machen!", meinte Jan. Alle lachten.

„Idiot, Blödmann!", schrie Rolf wütend seinen älteren Bruder an.

„Na warte", sagte der gutmütig, „icho werdero diro gleicho deno Hinterno versohleno!"

Auf dem Weg zum Sportplatz gingen sie bei Volpo-nes vorbei und holten Mario ab. Die Dorfjugend wartete schon ungeduldig vor dem Fußballtor. „Wo bleibt ihr denn? Uns fehlen ein paar Mann – ohne euch können wir nicht spielen!"

Jan sagte: „Dann werdet ihr euch ja freuen, dass ich noch jemanden mitgebracht habe, der was von Fußball versteht. Das ist Mario."

Eugen, der älteste der Dorfjungen, hatte während ihres Gespräches den Ball dauernd auf die Erde ge-tippt und wieder aufgefangen. Er hielt damit ein und betrachtete Mario kritisch. Auch die anderen starrten ihn an. Nach einem längeren Schweigen sagte Eugen: „Ein Spaghetti-Fresser? Nein, mit dem spielen wir nicht!"

Peter rief empört: „Aber hört mal, der Mario ist ein ganz prima Kerl, und der hat echt 'ne Ahnung von Fußball – wirklich, könnt ihr uns glauben!"

Eugen schüttelte den Kopf. „Kann schon sein, aber kommt trotzdem nicht in Frage. Mit denen wollen wir nichts zu tun haben. Was meint ihr?" Er wandte sich an seine Freunde: „Soll er mitspielen?"

Einer nach dem anderen schüttelte den Kopf.

Jan wurde ärgerlich: „Aber warum denn nicht? Seid ihr so bekloppt, dass ihr nicht kapiert, dass er genauso ein Junge ist wie wir auch?"

Eugen meinte überheblich: „Das findest du! Wir sind da anderer Meinung, genau wie unsre Eltern, die wollen auch nichts von den ‚Spaghettis' wissen. Es kommt nicht in Frage, dass er mitspielt, da spielen wir lieber mit dem Weihnachtsmann oder mit deiner Großmutter Fußball!" Die anderen grinsten und nickten beifällig.

Jan versuchte zu verhandeln, aber Rolf hatte sich eilig davongemacht und lief mit seinen kleinen Beinen, so schnell er konnte, nach Hause.

Als er mit Oma zusammen wieder auf dem Sportplatz erschien, war der Streit noch in vollem Gange.

Mario saß neben dem Tor auf dem Boden, starrte finster vor sich hin und kaute an einem Grashalm. Oma stieg vom Rad, lehnte es an einen Baum, nahm den Regenschirm vom Gepäckträger, hakte die Handtasche vom Lenker und trat zu der Gruppe der Diskutierenden.

„So, da bin ich, wir können anfangen!"

Die Jungen starrten sie sprachlos an.

„Aber Oma", fragte Jan, „was willst du denn hier?"

„Fußball spielen", antwortete Oma, legte die Tasche ins Gras und hängte den Regenschirm an das Fußballtor.

„Fußball spielen?", rief Peter. „Aber Oma, das kannst du doch nicht. Woher willst du wissen, wie man das macht?"

„Das weiß ich sehr genau", sagte Oma entschieden, „du und Jan. ihr redet ja beinahe von nichts anderem mehr, und beim Fernsehen muss ich mir mit euch und eurem Vater zusammen jedes große Fußballspiel ansehen. Meinst du, da bleibt nichts hängen? Außerdem habt ihr doch gesagt, dass ihr mich zum Mitspielen braucht, weil euch sonst jemand fehlt. Also, da bin ich." In das betretene Schweigen hinein fügte sie noch hinzu: „Ich hoffe nicht, dass ihr mich umsonst vom Keksebacken fortgeholt habt."

Eugen, der Anführer der Dorfjungen, fand endlich auch wieder seine Sprache: „Aber Frau Pieselang, das war doch nur ein Spaß. Fußball ist eine Sache für Männer und Jungen."

Oma nickte. „Bis jetzt ja, und deshalb wird es Zeit, dass sportliche Frauen endlich auch dabei zugelassen werden. Ihr wisst ja alle im Dorf, dass ich gelenkig bin, dass ich Schlittschuh und Rollschuh laufe und schwimme."

„Aber wissen Sie, wie man Fußball spielt?"

Oma lachte. Zum Erstaunen der Jungen sprach sie wie ein Profi über Mittelfeld und Verteidigung. Sie wusste, was eine Vorlage und was Abseits ist, ein Foul und ein Elfmeter. Doch schließlich klatschte sie in die Hände. „Genug der Worte, also los, ich habe nicht viel Zeit, muss zum Kaffee noch Kekse backen – fangen wir an!"

Sie setzte den Hut ab und legte ihn auf eine Bank neben dem Spielfeld. Einer der Jungen aus dem Nachbardorf grinste und flüsterte Eugen zu: „Die alte Schachtel ist wohl ein bisschen plemplem?!"

Aber da bekam er plötzlich einen Puff in den Rücken, und Eugen zischte: „Benimm dich! Oma

Pieselang ist die beste Oma, die es gibt. Und wenn sie noch so bescheuert spielt, wir tun, als wenn sie ganz große Klasse ist, verstanden?"

Ganz große Klasse war Oma bei dem nun folgenden Fußballspiel nicht gerade, aber bescheuert spielte sie auf keinen Fall, sie stand ihren Mann oder vielmehr ihre Frau. Sie war ganz brauchbar im Mittelfeld, und die Jungen vergaßen in der Hitze des Gefechtes bald, wie komisch es aussah, wenn sie voranstürmte und ihr langer Rock flatterte und sie mit dem zierlichen Altdamenstiefel nach dem Ball stieß. Sie war ein feiner Kumpel, der es auch nicht übel nahm, wenn man ihn aus Versehen einmal anrempelte.

Plötzlich aber, mitten im Angriff, knickte Oma zusammen und humpelte beiseite.

Die Jungen riefen: „Was ist los, Frau Pieselang? Das Spiel ist doch noch nicht zu Ende!"

Oma setzte sich auf die Bank und hielt sich das Knie. „Ach du liebe Zeit, nun hab ich wieder mein Rheumaknie vergessen. Es war doch ein bisschen viel für meine alten Knochen. Entschuldigt, Kinder."

Die Jungen standen betreten um sie herum. „Ist es sehr schlimm?", fragte Eugen besorgt.

„Ach, kümmert euch nicht darum", winkte Oma ab, „das bin ich schon gewöhnt, das geht wieder vorbei, spielt ruhig weiter!"

„Weiterspielen?", fragte einer der Jungen ärgerlich. „Wie sollen wir weiterspielen, wenn wir keinen Ersatzmann haben."

Oma überlegte. „Ob Mario für mich einspringt? Vielleicht ist er so nett."

Die Jungen sahen sich ungewiss an. Mario? Den sie eigentlich nicht hatten dabeihaben wollen? Aber die Lust, das begonnene Spiel zu beenden, war größer als alle Hemmungen. Jan schlenderte zu Mario hinüber, der noch immer neben dem Tor im Gras hockte.

„Springst du für Oma ein?"

Mario schüttelte den Kopf. „Die wollen mich ja doch nicht haben."

„Komm", flüsterte Jan, „sei nicht blöd, mach mit, dann kannst du ihnen zeigen, wie gut du spielen kannst, dann werden die vielleicht staunen!"

Schweigend und widerwillig erhob sich Mario und stellte sich auf den Platz des Läufers, den Oma verlassen hatte.

„Los!", rief Eugen. Dann flog der Ball, und die Jungen hetzten hinter ihm her über das Spielfeld, am wildesten Mario, und schon hatte er ein Tor geschossen, bald ein zweites und zum Schluss, nach einem harten Kampf, ein drittes.

Nach Spielende umringten die Jungen ihn. „Mensch, Mario, du bist wirklich ein Ass. Spielst du nächsten Sonntag wieder mit uns?"

Oma radelte unterdessen mit Rolf auf dem Gepäckträger nach Hause. „Wir müssen uns beeilen, schnell, schnell, die Kekse und der Kuchen müssen in den Ofen!"
„Aber Oma", rief Rolf besorgt, „kannst du denn so doll trampeln, tut dir dabei nicht dein Knie weh?"
„Ach, das Knie", meinte Oma etwas verlegen. „Manchmal gehen die Schmerzen so schnell wieder weg, wie sie gekommen sind!"

Die Kekse und der Königskuchen kamen früh genug in den Ofen und standen knusprig und duftend am Nachmittag auf dem Kaffeetisch unter den Apfelbäumen im Garten, als die Familie Volpone vollzählig eintraf.

Wie beim Spaghetti-Essen war es wieder eine lange Tafel, aber diesmal gab es keine feindlichen Fronten mehr.

Die Jungen erzählten aufgeregt und lautstark von dem morgendlichen Fußballspiel, wie tapfer Oma sich gehalten und was für einen großen Erfolg Mario mit seinen drei Toren erzielt hatte. Die Nonna lachte über das ganze breite Gesicht und drückte Oma die Hand: „Signora sein gutte Frau, vill gutt!" Dann kostete sie kennerisch Omas Kekse und ließ sich das Rezept sagen.

Die Zwillinge tobten im Garten herum und jagten Mutters Hühner, bis Brigitte und Karoline, die immer auftauchte, wenn bei Pieselangs etwas los war, sie einfingen und mit Keksen voll stopften. Mutter unterhielt sich mit Julia. Sie fand Gefallen an dem freundlichen Mädchen. Vater Volpone erzählte Vater Pieselang von seinen Sorgen und fragte ihn um

Rat. Rolf verschwand mit Peppino in seinem Zimmer. Er zeigte ihm die Hutsammlung. Peppino durfte sich für den Nachmittag eine Kopfbedeckung ausborgen, aber er konnte sich vor lauter Möglichkeiten schwer entscheiden.

„Mach schnell", rief Rolf, „sonst fressen die uns den ganzen Kuchen weg!"

Das war ein Grund für Peppino, sich zu beeilen, denn er tat nichts lieber als essen. Rasch griff er nach der Indianerhaube mit dem langen Federschweif, und Rolf entschied sich für den Tirolerhut.

Als der Königskuchen und der Berg Kekse fast verschwunden waren, hielt es die Kinder nicht mehr am Tisch. Jan, Mario, Peter und Alessandro holten aus dem Keller Fahrräder und spielten „Giro d'Italia". Mario hatte während der Kaffeetafel von dem großen Radrennen erzählt, das durch weite Gegenden Italiens führt. Die ganze italienische Bevölkerung ist fieberhaft daran interessiert. Kommen die Radler in eine Stadt, müssen die Autos anhalten, um die Sportler vorbeizulassen. Die Leute laufen aus den Läden, Häusern und Schulen und jubeln ihren Lieblingen zu.

Peppino und Rolf wollten auch beim „Giro" mit-spielen. Da sie aber noch nicht Rad fahren konn-ten, borgte sich Peppino Rolfs Feuerwehrhelm und stellte den Schutzmann dar, der die Autos anhielt, wenn die Radfahrer dahergestrampelt kamen. Rolf durfte „jubelndes Publikum" sein, was ihm aber bald zu langweilig wurde. Als er sah, dass Brigitte, Karoline und Maria zum See gehen wollten, um zu baden, holte er schnell seine Badehose, tauschte den Tirolerhut gegen die Seglermütze und lief mit.

„Passt auf Rolfi auf", rief die Mutter ihnen nach, „er kann doch noch nicht schwimmen!"

„Warum kannst du denn immer noch nicht schwimmen?", fragte Karoline. „Bist du zu feige?"

„Gar nicht", murmelte Rolf und wurde rot, „ich will bloß nicht. Weil alle immer sagen, ich soll schwimmen lernen, darum will ich eben nicht! Außerdem – beinahe kann ich es ja!"

Die Nachmittagssonne schien heiß auf den baumlo-sen Weg, und die blonde Brigitte, die Wärme schlecht vertragen konnte, stöhnte: „Ui, ist das heiß!"

„Sei doch froh, dass sein endlich mal ’eiß", sagte

Maria. „Bei uns sein immer Sommer und 'eiß, sein nicht wie in dumme Deutschland so viel Regen."

Karoline und Brigitte ärgerten sich ein bisschen über das „dumme Deutschland", aber sie sagten nichts.

„In Italien überhaupt alles sein viel schöner", fuhr Maria fort, „sein viel mehr Blumen, Tausende und Tausende von Blumen", sie fuchtelte nachdrücklich mit den Händen, „und schöne Bäume sind da, Bäume mit Apfelsine und Bäume mit Zitrone und ganz viele Weintraube."

„Warum bist du dann nicht in deinem schönen Italien geblieben, wenn da alles so super ist?", fragte Karoline spitz.

„Kann ich ja nicht wegen meine Papa", sagte Maria.

Brigitte versuchte einzulenken: „Aber pass mal auf, wie schön es am See ist. Warst du schon mal an unserm See?"

„Natürlich war ich an eure See." Maria winkte ab. „So kleine See, piccolo, piccolo und so trüb – bei uns sein Meer, ganz groß und blau und klar, und dann sein große, große, weiße Strand, wo gibt viele Muscheln, rosa und gelbe und grüne und Koralle für Kette." Sie setzte sich an die Böschung am Wegrand, um sich einen Stein aus dem Schuh zu schütteln.

Karoline flüsterte Brigitte zu: „Komm, wir laufen ihr weg. Wenn die bei uns alles blöde findet, braucht sie ja nicht mit uns zusammen zu sein!"

Ehe Maria sich ihren Schuh wieder angezogen hatte, nahmen sie Rolf in die Mitte und liefen Hand in Hand mit ihm zum See hinab.

„Wartet doch", rief Maria hinter ihnen her, „’alt! Wartet doch auf mir!" Aber sie taten, als wenn sie es nicht hörten. Am Ufer zogen sie sich rasch die Kleider aus, unter denen sie das Badezeug trugen.

Als sie gerade ins Wasser gehen wollten, kam Maria den Hügel hinabgeschlendert.

„Sie kommt uns nach, die dumme Gans", sagte Karoline, „gemein, was machen wir nun?" Plötzlich lachte sie. „Ui, fein, da liegt ja ein Kahn. Komm, wir schieben ihn ins Wasser und baden von da aus, dann kann sie uns nicht erreichen!"

„Das ist unser Kahn", sagte Brigitte, „aber wir sollen nicht allein mit ihm aufs Wasser."

„Warum denn nicht?", fragte Karoline. „Wir beide können doch schwimmen und Rolfi beinahe auch. Komm, schieb, da sind ja auch die Ruder – na, mach schon!"

Sie stemmten gemeinsam das Boot ins Wasser, halfen Rolf hinein und ruderten auf den See hinaus. Karoline lachte, aber Brigitte war nicht ganz wohl dabei. Maria stand am Ufer und sah ihnen nach. Plötzlich hob sie die Faust und schrie ihnen eine Flut italienischer Worte nach.

„Schade, dass wir kein Italienisch können", meinte Karoline.

„Aber die schimpft doch", sagte Brigitte.

„Eben deshalb", Karoline kicherte. „Wenn wir verstehen würden, was sie sagt, könnten wir uns viel besser über sie ärgern." Sie fing an zu singen: **Alle meine Entchen schwimmen auf dem See.**

Rolf stimmte vergnügt ein. Er wurde ganz übermütig. Er war das erste Mal mit dem Boot auf dem See, sprang hin und her, schaukelte im Takt des Liedes, beugte sich über die Bordwand und hielt die Hände ins Wasser.

„Huuh, kalt!", schrie er. „Jetzt probier ich's mal mit den Füßen!" Er setzte sich auf den Rand des Bootes und versuchte mit der großen Zehe die Wasseroberfläche zu erreichen.

„Rolf!", rief Brigitte erschrocken und griff nach ihm, aber er entglitt ihrer Hand und rutschte von der sich neigenden Bordwand hinab ins Wasser. Das Boot schnellte zurück, und die Mädchen verhinderten nur mühsam, dass es kenterte. Als sie wieder um sich blicken konnten, sahen sie gerade noch Rolfs Kopf in einem Wasserwirbel verschwinden. Seine Seglermütze schaukelte wie ein kleiner, bunter Kahn auf den Wellen.

„Rolfi, Rolfi!", schrie Brigitte angstvoll, und auch Karoline packte nun das Entsetzen. „Hilfe, Hilfe!", rief sie.

Sie versuchten den Kahn zu der Stelle hin zu diri-

gieren, wo Rolf verschwunden war, aber in der Aufregung trieben sie eher noch weiter ab. Was sollten sie nur tun? Brigitte und Karoline schwammen beide nicht schlecht. Sie wussten aber nicht, wie man einen hilflosen Jungen aus dem Wasser holt. Plötzlich sahen sie, dass ein brauner Körper mit weiten Kraulstößen durch den See schoss, auf die Stelle zu, wo Rolf versunken war. Der Kopf mit schwarzem, strähnigem Haar verschwand unter Wasser, und der Körper glitt wie ein wendiger Fisch in die Tiefe. Wenige Sekunden danach tauchte Maria mit dem strampelnden, Wasser schluckenden Rolf im Arm wieder auf. Der Junge versuchte sich an seiner Retterin festzuklammern, erhielt von ihr aber eine kräftige Ohrfeige, die ihn im Nu schlapp und willenlos machte. Nun konnte Maria ihm den Kopf über Wasser halten.

„Venite! Kommt!", rief sie den beiden im Boot zu. Gemeinsam zogen und schoben sie den schlaffen Körper über Bord. Maria kletterte gewandt hinterher. Keuchend saß sie einen Moment auf der Ruderbank, doch dann schrie sie die beiden sprachlos dasitzenden Mädchen an: „Ecco – venite – anfassen!"

Sie packte ein Bein von Rolf und zog es mühsam

hoch. Erst verstanden die beiden nicht, was sie wollte, aber plötzlich hatte Brigitte begriffen. Gemeinsam zogen sie an den Beinen, bis Rolf auf dem Kopf stand und ihm das Wasser aus Mund und Nase schoss. Erschöpft ließen sie ihn wieder auf den Boden gleiten, und Brigitte schickte sich an, künstliche Atmung zu machen, wie sie es im Erste-Hilfe-Kurs gelernt hatte. Aber schon setzte Rolf sich mit eigener Kraft auf und blickte die Mädchen verständnislos an. Als er Maria sah, piepste er atemlos: „Du hast mir eine Ohrfeige gehauen, das war ganz schön gemein!"

Maria antwortete nicht, aber Brigitte fuhr ihn an: „Wer hier gemein ist und blöde dazu, das bist du. Erst benimmst du dich so dämlich, dass du ins Wasser fällst, und als Maria dich rausholen will, klammerst du dich an ihr fest, dass sie sich kaum bewegen kann und beinahe auch mit untergegangen wäre. Nur darum hat sie dir die Ohrfeige gegeben."

Rolf sah Maria mit großen Augen an. „Nur darum?" Als sie nickte, kroch er zu ihr hin und streichelte ihre dünne, braune Hand, die auf der Ruderbank lag. Maria stieß ihn sanft von sich.

„Ah – lass sein, schon gutt!" Sie sah Brigitte und Karoline an. „Blöde nicht Rolfi sein, er noch so piccolo – blöde ihr beide sein, mit kleine Junge, der nicht kann schwimmen, auf Wasser gehn!"

„Das geht dich gar nichts an!", fauchte Karoline, aber Brigitte sagte: „Lass doch, sie hat ja Recht!"

Schweigend fuhren sie zurück. Brigitte und Karoline ruderten, im Heck saß Maria, finster, braun und mager in ihrem schwarzen Badeanzug. Das Wasser tropfte noch immer aus dem langen schwarzen Haar. Zu ihren Füßen hockte Rolf.

„Prego, bitte, bringst du mir Rettungsschwimmen bei?", fragte er. Als sie nicht antwortete, zupfte er sie am Bein. „Si?"

Sie nickte, aber Karoline rief höhnisch: „Der kann noch nicht mal schwimmen und will gleich Rettungsschwimmen lernen? Ha!"

Maria strich Rolf über das Haar. „Ich dir beides lernen – Schwimmen und Rettungsschwimmen – basta!"

Plötzlich fasste sich Rolf an den Kopf. „Wo ist meine Mütze?"

Brigitte und Karoline riefen wie aus einem Munde: „Im Wasser, wo denn sonst?"

Rolfs Augen füllten sich mit Tränen, aber Maria

77

sagte: „Ecco – ich dir machen Mütze aus Papier, richtige Helm!" Rolf schluckte rasch die Tränen hinunter.

Am Ufer hockten sie sich in die Sonne, damit Rolf und Maria trocknen konnten. Karoline war gekränkt, weil sich Brigitte neben Maria setzte und nicht zu ihr kam. Sie schlüpfte in ihr Kleid und verschwand grußlos auf dem Weg zur Hühnerfarm. Es war ihr auch lieber, dass sie nichts von der Schelte abbekam, die Brigitte und Rolf sicher zu Hause bei Pieselangs erhalten würden.

Aber es gab keine Schelte, denn weder Rolf noch Maria sagten ein Wort von dem Abenteuer. Brigitte kämpfte mit sich, ob sie es nicht erzählen müsste,

aber dann überlegte sie, wie sehr sich Mutter, Vater und Oma über die Geschichte aufregen würden, und ließ es lieber bleiben. Sie versuchte, besonders nett zu Maria zu sein, was nicht leicht war, weil Maria in ihrer kurz angebundenen und hochfahrenden Art kaum zu einem Gespräch zu bewegen war. Freundlich war Maria nur zur Mutter, zu Oma Pieselang und zu Rolf. Dem bastelte sie einen prachtvollen Papierhelm mit einem Puschel an der Spitze.

Oma, die sah, wie sich Brigitte mit Maria Mühe gab und dass sie traurig war, da sie keinen Erfolg hatte, flüsterte ihr zu: „Ich glaube, die Maria hat Heimweh. Wir müssen sie vorläufig erst einmal ein wenig in Ruhe lassen."

Als sie vom Baden zurückgekommen waren, war Besuch da, ein Besuch, der hier zu Hause war. Heiner, der ältere Bruder von Jan, Peter, Brigitte und Rolf, der in der nächsten Stadt studierte, war mit seinem Motorrad zum Sonntagskaffee gekommen. Jan, Peter, Mario, Alessandro und Peppino umlagerten die Maschine.

79

Heiner ließ sich von der Mutter mit Kaffee und Kuchen, den sie extra für ihn zurückgestellt hatte, verwöhnen. Während er es sich schmecken ließ, warf er ab und zu bewundernde Blicke auf Julia und besorgte auf die Gruppe von Jungen um sein Motorrad. „He – wenn ihr mir was kaputtmacht, zieh ich euch die Hosen stramm!", rief er.

„Und wenn wir nichts kaputtmachen, nimmst du uns nachher auf dem Sozius mit, ja?", fragte Peter.

„Oh je – bei acht Kindern hätte ich da aber eine Menge zu tun!", stöhnte Heiner. „Ich bin doch kein Taxi. Ich will meine Ruhe haben. Das heißt, wenn Sie mal eine kleine Spazierfahrt machen wollen, Julia, wäre das natürlich etwas anderes."

Julia lachte. „No, ick 'aben Angst auf solche Feuerstuhl!"

Bald saßen die beiden allein am Tisch und plauderten, denn Brigitte und Rolf hatten sich zu den Jungen am Motorrad gesellt, Oma zeigte der Nonna, die die Zwillinge an je einer Hand hatte, den Gewürzgarten, Lehrer Pieselang ließ sich in seinem Arbeitszimmer von Vater Volpone an Hand einer Landkarte vom Bau der Autobahn berichten, und

„Zieh den guten Anzug an", sagte Oma.

„Du musst mir helfen", bat Peter.

„Kannst du dich immer noch nicht allein anziehen?"

„Nein, dazu bin ich noch zu klein."

Oma half ihm schweigend. Dann marschierten sie durch die frische Winterluft. Oma schob den Kinderwagen. Sie war sehr fein angezogen und hatte den Bibi um den Hals.

In der Konditorei bestellte Oma für sich Kaffee und Apfelkuchen und für Peter Kakao und einen Mohrenkopf mit Schlagsahne. Der Kinderwagen stand neben ihrem Tisch; das Baby schlief. An den Nachbartischen saßen mehrere alte Damen.

Auf einmal sagte Peter: „Ich muss mal!"

Oma erhob sich seufzend. „Wo ist die Toilette?", fragte sie die vorübergehende Kellnerin.

Das Fräulein blickte unentschlossen zwischen Oma und Peter hin und her. „Für Damen rechts, für Herren links."

Oma steuerte nach rechts, aber Peter zog sie nach links. „Für Herren ist da!"

„Du bist so klein, du kannst noch ‚für Damen'." 81

„Ich will aber ‚für Herren'!"

Oma versuchte, ihn nach rechts zu ziehen, doch er

gab nicht nach. Die Damen an den Tischen guckten
dem Ringkampf gespannt zu.

„Dann musst du eben allein gehen", sagte Oma
schließlich und kehrte an ihren Tisch zurück. Mit
hocherhobenem Kopf verschwand Peter hinter der
Tür „für Herren".

Oma aß ihren Kuchen auf und schaukelte den Kinderwagen, weil das Baby anfing zu schreien. Nach
einer Weile erschien im Türspalt „für Herren" Peters Kopf.

„Oma", flüsterte er so laut, dass alle sich nach ihm
umdrehten, „Oma, knöpf mir die Hose zu!"

Oma zuckte mit den Schultern. „Ich kann nicht
fort. Wenn ich den Wagen nicht schaukele, schreit
das Baby. Komm her!"

So musste Peter, krampfhaft seine Hosen hochhaltend, an den kichernden Damen vorbei, das Café durchqueren.

Auf dem Heimweg sagte Oma: „Du siehst, wie wichtig es ist, dass man lernt, sich allein an- und auszuziehen."
Sie übten es den ganzen Nachmittag lang, und am Abend konnte Peter es wirklich allein.
„Nun aber schnell in die Küche!", rief Oma. „Bald kommen unsere Leutchen nach Haus, und sie haben sich für heute Abend Eierkuchen bestellt."
Peter sah Oma beim Backen zu. Sie goss den flüssigen Teig in die Pfanne, ließ ihn ein wenig fest werden und warf dann mit einem Schwung den Kuchen in die Luft, wo er sich einmal umdrehte und mit der anderen Seite wieder in der Pfanne landete. Immer höher warf Oma die Kuchen.
„Kann ich auch mal?" Als Peter es versuchte, fiel der Kuchen auf die Erde.
„Es ist noch kein Meister vom Himmel gefallen", sagte Oma.
Der zweite Kuchen fiel auf den Stuhl neben dem Herd.

„Schon besser", sagte Oma.

Der dritte, bei dem sie Peters Hand führte, kam wieder in die Pfanne zurück.

Beim Abendbrot machte sich die ganze Familie begeistert über die Eierkuchen her. Als Peter ins Bett ging und Ingeborg ihn ausziehen wollte, sagte er: „Nicht nötig, das kann ich selber! Ich kann auch Spinat essen und Eierkuchen backen. Ich bin heute sehr erwachsen geworden."

Omas Geburtstag

Es war noch früh am Morgen. Jan sprang mit einem Satz über den niedrigen Zaun, der den Garten von der Straße abgrenzte. Schade, dass es nicht noch mehr Zäune gab! Er war so vergnügt und übermütig, dass er nur immer hätte springen und hüpfen mögen.

Sonntag war heute, ein Mai-Sonntag und dazu noch Omas Geburtstag.

Er hatte ein wunderschönes Geburtstagsgeschenk für Oma. Weil sie ja beide eines Tages zusammen nach Amerika auswandern wollten, hatte er ihr eine Indianerhaube gebastelt. Monatelang hatte er in der ganzen Umgebung Federn gesammelt. Auf der Hühnerfarm war er Stammgast gewesen, wo seine Freundin Karoline ihm sammeln half. Er hatte die Federn an einen Lederstreifen genäht und ihn mühsam mit bunten Perlen bestickt. Die Haube war schön, nur fehlte vorn noch eine besonders große und bunte Feder. Tagelang war er um den stattlichsten Hahn der Hühnerfarm herumgeschlichen, dem eine passende Feder aus dem Schwanz hing. Bis jetzt hatte sie immer noch an seinem buschigen Hinterteil gehaftet, doch nun würde er sie gewiss verloren haben.

Auf der Farm schlief noch alles. Jan nahm leise den Schlüssel zum Hühnerstall von einem Haken an einem Geräteschuppen. Wie ein Indianer schlich er dann in den Stall. Die Hühner saßen noch aufgeplustert wie Federknäuel auf ihren Stangen und schliefen. Ein paar blickten ihn blinzelnd an. Als sie sahen, dass er keine Futterschüssel trug, steckten sie den Kopf wieder in die Federn.

Der große Hahn, der ein Frühaufsteher war, stolzierte mit majestätischem Schritt durch den Mittelgang und betrachtete sein schlummerndes Volk. Die Feder hing immer noch aus dem Schwanz und schleifte traurig über die Erde. Jan brauchte sie aber unbedingt noch heute. Ob er ein wenig nachhelfen sollte? Er versuchte, den Vogel zu greifen. Doch weil er zu hastig war, bekam der Hahn Angst und sauste mit langen Schritten und flatternden Flügeln durch den Raum. Die Hühner wachten auf. Als sie ihren Herrn und Meister in so großer Not sahen, erhoben sie ein lautes

Geschrei. Endlich hatte Jan das wild um sich schla-
gende Tier gepackt und setzte sich mit ihm auf eine
Treppe. Die Feder saß fester, als er geglaubt hatte.
Als er sie endlich in der Hand hielt und mit etwas schlechtem Gewissen den blutigen Federkiel
betrachtete, ergoss sich plötzlich eine Flut von
Schimpfworten über ihn.

„Was fällt dir ein, was machst du mit meinem
schönsten Hahn? Willst du ihn umbringen? Ich

zeige dich bei der Polizei an, die wird dich einsperren!" Vor Jan stand Karoline im Schlafanzug mit zerzaustem Haar und zornfunkelnden Augen. „All die Wochen hab ich dir meine schönsten Federn gegeben", schrie sie, „und nun reißt du heimlich meinem Hahn den Schwanz aus!"

Der Hahn, den Jan inzwischen losgelassen hatte, schüttelte sich und stolzierte davon. Als Karoline sah, dass sein Schwanz noch ebenso schön wie vorher aussah, beruhigte sie sich und sagte etwas sanfter: „Ich dachte, der Fuchs wäre im Stall, weil die Hühner so schrien."

„Sei nicht böse, Karoline, ich hab ihm nur eine lose Feder ausgezogen. Es ging ganz leicht." Jan verbarg den blutigen Federkiel. „Oma hat doch heute Geburtstag, und da brauche ich die Feder dringend."

Karoline brummte noch etwas vor sich hin, dann setzte sie sich neben ihn auf die Treppe und fragte: „Kann ich nicht auch zum Geburtstag kommen?"

Jan versprach ihr, dafür zu sorgen, dass sie eingeladen würde, und da war sie völlig versöhnt.

Um acht Uhr wurde Oma durch ein Ständchen geweckt. Ingeborg spielte auf der Geige, und die

Kinder sangen „Geh aus, mein Herz, und suche Freud".

Fertig angezogen, in ihrem besten schwarzen Kleid, stieg Oma langsam die Leiter vom Schlafboden herunter. Nun gab es ein Küssen und Gratulieren. Oma wurde fast erdrückt. Jeder wollte sein Geschenk zuerst überreichen.

Peter hatte ein Bild gemalt. „Das bist du, Oma", sagte er. „Guck mal, du hast nicht nur Kopf und Beine, du hast auch einen Bauch, und zähl mal die Finger!"

Während sie zählte, sah er sie gespannt an. „Eins, zwei, drei, vier, fünf. Stimmt genau!"

Er bekam einen Kuss.

Brigitte hatte Oma ein Paar Pulswärmer gestrickt, aus schwarzer Wolle und ganz weich.

„Wie schön!", rief Oma. „Nun brauche ich nicht mehr zu frieren."

„Jetzt im Sommer friert man ja sowieso nicht", sagte Jan.

„Auch im Sommer gibt es kühle Tage", meinte Oma.

Nun zog Jan die Indianerhaube hinter seinem Rücken hervor. Oma war ganz überwältigt.

Heiner überreichte ihr eine Riesenschachtel mit

89

Konfekt, und Ingeborg hatte ihr eine weiße Bluse genäht.

Paulchen flog auf ihre Schulter und rief: „Hoch soll sie leben!" Eifersüchtig strich Kater Fridolin, dem Brigitte ein rotes Band um den Hals gebunden hatte, um Omas Beine.

Erst ganz zum Schluss konnten die Eltern ihre Glückwünsche anbringen. Vater Pieselang küsste Oma auf die Wange und sagte: „Alles Gute, meine ewig junge Mama!"

„Manchmal bin ich dir ein bisschen zu jung, nicht wahr?", lachte Oma.

Die ganze Familie versammelte sich um die große Frühstückstafel. Omas Platz war mit Blumen geschmückt. Auch das Baby war dabei. Ingeborg füt-

terte es mit Brei. Plötzlich rief sie: „Oma, das Baby schenkt dir auch etwas zum Geburtstag!"

Alle schwiegen erwartungsvoll und sahen zu ihr hin. Sie steckte den Löffel in Babys Mund und bewegte ihn ein wenig hin und her. Kling!, machte es, kling!

„Der erste Zahn! Es hat seinen ersten Zahn bekommen, genau an Omas Geburtstag!", jubelte die ganze Familie.

Darüber musste das Baby so lachen, dass alle das weiße Zähnchen blitzen sahen.

„Was für ein herrlicher Tag!", sagte Oma.

Aber die eigentliche, die große Überraschung sollte erst noch kommen. Sie waren im schönsten Schmausen, da klopfte es an die Tür. Feuerwehrmann Meyer I, der auch Botengänge für das Bürgermeisteramt machte, trat ein, schritt mit ernstem Gesicht auf Oma zu, verbeugte sich und überreichte ihr einen großen Brief. Dann stand er stramm, wie vor einem General, machte kehrt und marschierte wieder zur Tür hinaus. Mit zitternden Fingern versuchte Oma, den Brief zu öffnen, was ihr erst gelang, als sie eine

Haarnadel aus ihrem Zopf zu Hilfe nahm. Während die andern gespannt zuhörten, las sie laut:

„Sehr verehrte, gnädige Frau!
Erst jetzt ist es dem Bürgermeister zu Ohren gekommen, dass Sie in diesem Winter seinen Sohn unter Einsatz des eigenen Lebens vom Tode des Ertrinkens gerettet haben. Außerdem haben wir erfahren, dass Sie Geburtstag haben, und aus diesem Grunde möchte Ihnen der dankbare Herr Bürgermeister heute um 12 Uhr mittags ein kleines Geschenk überreichen.
Mit den ergebensten Grüßen
Baumann
Sekretär der Bürgermeisterei"

Ein verblüfftes Schweigen folgte. Dann aber brach ein Sturm los. Wieder drängte sich alles um Oma, die ganz verlegen war.

„Was für ein Unsinn, so groß war meine Tat nun wirklich nicht. Woher wissen sie das nur? Ob der arme Junge nun noch einmal Haue bekommen hat? Ich hab's ihm doch schon so tüchtig gegeben!"

„Aber Oma, freu dich doch, das ist eine große Ehre!", rief Heiner.

„Ich glaube, ich muss mich jetzt etwas zurückziehen", sagte Oma mit zittriger Stimme. „Ich will mich ein bisschen vorbereiten." Mit dem Brief in der Hand ging sie in ihr Zimmer.

Die Aufregung erreichte ihren Höhepunkt, als man kurz vor zwölf Uhr vom Dorf herauf einen Zug auf Pieselangs Häuschen zuwandern sah. Voran marschierten der Bürgermeister und der Gemeindeschreiber, dann folgten Feuerwehrmann Meyer I mit seiner Trompete unter dem Arm und der Schmied in seinem Arbeitsanzug. Hinter ihnen führte Fuhrmann Petersen seine beiden Gäule, die einen Wagen mit einer verdeckten Last zogen. Das halbe Dorf begleitete sie. Vor dem Haus stellten sie sich schweigend mit ernsten Gesichtern auf.

„Hol Oma!", flüsterte Lehrer Pieselang Brigitte zu. Aber da erschien sie schon. Der Feuerwehrmann blies einen Tusch auf seiner Trompete, der Bürgermeister trat in seinem feierlichen schwarzen Anzug einen Schritt vor und sagte:

„Die Gemeinde dankt Frau Angelika Pieselang, geborene von Haselburg, für die mutige Tat, die ein junges Menschenleben dem Tode entrissen hat."

Jan hätte beinahe vor Rührung geweint, so schön fand er die Ansprache.

Der Bürgermeister fuhr fort: „Gestatten Sie, gnädige Frau, dass ich dieser Amtshandlung noch ein paar persönliche Worte zufüge. Ich bin bei der Sache besonders betroffen, weil es sich um meinen Sohn, meinen einzigen Sohn, diesen verflixten Lausebengel, handelt. Deshalb möchte ich noch einen kleinen Dank beifügen. Ich habe versucht zu erforschen, was Ihnen eine besondere Freude bereiten würde, und hier ist sie nun!" Er gab dem Feuerwehrmann und dem Schmied ein Zeichen, worauf die beiden die Plane von dem Wagen zogen. Ein seltsames Gestell lag darauf, fast wie eine hohe Teppichstange. Was mochte das sein? Der Bürgermeister zog lächelnd ein gelbes Schaukelbrett und zwei Ringe an festen Seilen aus einem Karton.

Der Lehrer schnappte nach Luft. „Eine Schaukel? Aber meine Mutter ist doch kein Kind mehr. Wie kommen Sie denn darauf?"

Der Bürgermeister sah ihn etwas unsicher an. „Ich dachte, es wäre ihr Wunsch, und da die gnädige Frau Rollschuh läuft, schien mir das gar nicht so abwegig. Man hat mir doch gesagt, es wäre ihr innigster Herzenswunsch!"

„Wer hat Ihnen das gesagt?", fragte der Lehrer.

„Ihr Sohn Jan."

„Jan!", donnerte der Lehrer.

Aber Jan war nicht zu sehen; er hockte im Apfelbaum, dessen Blätter zum Glück schon dicht waren.

„Jan!", rief der Lehrer noch einmal.

Oma legte ihm die Hand auf den Arm. „Beruhige dich, mein Sohn. Der Bürgermeister hat mir wirklich einen Herzenswunsch erfüllt."

Liebenswürdig wandte sie sich an das ganz verschüchterte Gemeindeoberhaupt. „Schon als Kind wünschte ich mir immer eine Schaukel, doch ich habe niemals eine bekommen."

„Aber jetzt bist du kein Kind mehr!", brummte der Lehrer.

„Nicht nur für Kinder ist die Schaukel da. Schon vor zweitausend Jahren haben die alten Griechen gern geschaukelt, und zwar nicht nur die Kinder, sondern die Priester und Priesterinnen bei ihrem Gottesdienst."

Jetzt schwieg der Lehrer. Alles, was die alten Griechen getan hatten, fand er gut und richtig.

Der Bürgermeister strahlte. Er reichte Oma den Arm, und sie gingen zusammen in eine Ecke des Gartens, wo der Schmied, der Feuerwehrmann und der Fuhrmann das Gestell der Schaukel aufbauten. Zum Schluss hängte Heiner die Schnüre in die Haken, legte das Brett zwischen die Ringe und trat zurück. Mit einem kleinen Jauchzer schwang sich Oma auf das Brett. Jan, der wieder aufgetaucht war, stieß sie an. Die Schaukel fing an zu schwingen, höher und höher.

Als Oma genug geschaukelt hatte, kamen die Kinder an die Reihe. Oma ging in ihr Zimmer, um ihre

Der Arzt kam mit Mario in einem kleinen Krankenwagen vorgefahren, den seine Frau steuerte. Er hatte sich den Wagen für Notfälle angeschafft, weil das nächste Krankenhaus in der Kreisstadt fünfzehn Kilometer entfernt war.

„Nanu, Sieversen, was haben Sie denn gemacht?", rief der Arzt und beugte sich zu dem Hexer hinab.

„Das sehn Sie ja wohl, Doktor", rief der Mann patzig. „Ich bin über den Stein da gestolpert und auf den Brunnenrand gefallen. Aber das sag ich Ihnen gleich, ins Krankenhaus geh ich nicht wieder – da kriegen mich keine zehn Pferde hin! Die bringen mich da um mit ihren Spritzen und Tabletten und Fiebermessen – kommt nicht in Frage!"

Die Frau des Arztes mischte sich ein: „Aber Mann, seien Sie doch vernünftig!"

„Was, Ihre Alte haben Sie auch mitgebracht, Doktor?", fragte der Hexer unverschämt. „Was will die denn hier?"

Die noch jugendliche Frau Doktor lachte. „Sie alter Dickkopf Sie, was Sie alles so daherreden! Sie haben wohl wieder mal ein bisschen zu tief in die Flasche geguckt?!"

97

Der Hexer antwortete nicht, sondern stöhnte nur, als der Arzt jetzt vorsichtig den Kopf abtastete.

„Also, zum Röntgen muss ich Sie auf jeden Fall mitnehmen in meine Praxis."

Die Frau des Doktors holte zusammen mit Mario eine Trage aus dem Krankenwagen. Sie legten den Mann behutsam darauf.

„Sollen wir Ihr Haus abschließen?"

Der Hexer winkte ab und sagte stolz: „Zu mir traut sich keiner rein, die haben alle Angst vor mir."

Der Doktor setzte Mario und Maria bei Volpones Baracke ab. Als er den Kopf des Hexers in seiner Praxis geröntgt hatte, stellte er fest, dass der Schädelknochen nicht verletzt war.

„Sie haben Glück gehabt, Sieversen, aber vierzehn Tage müssen sie fest liegen und nur Suppe essen!"

„Gut, gut, nur nicht ins Krankenhaus", jammerte der Mann.

Die Frau des Doktors meinte: „Hab ich ja gesagt – eisenharter Dickschädel!"

Der Arzt besprach sich mit ihr: „Es wäre schon besser, wenn wir ihn nicht in die Klinik bringen müssten. Das letzte Mal, als er seiner Hüfte wegen dort war, hat er durchgedreht, die Ärzte beschimpft und das Fieberthermometer nach der Schwester geworfen. Die wollen ihn dort sicher nicht gern wieder haben. Zu Hause bleibt er am ruhigsten liegen."

„Da kann er sich mit Schnaps beruhigen!", sagte die Doktorsfrau spitz. Sie seufzte. „Na ja, ich will versuchen, jemanden zu finden, der ihn pflegt."

Sie machte sich auf den Weg ins Dorf, kam aber nach einiger Zeit wieder zurück mit der Nachricht: „Niemand will zu ihm. Die Leute können ihn nicht leiden. Sie ärgern sich über ihn, weil er immer hinter ihnen herschimpft und üble Ausdrücke gebraucht, und sie sagen, dass er Schnaps trinkt, was ja auch stimmt, und manche glauben sogar, dass er hexen kann. Du musst ihn wohl doch ins Krankenhaus tun!"

Als sie es dem Hexer sagten, der mit dem Kopfverband auf einem Liegestuhl im Garten wartete, schnaufte der: „Schweinebande die! Hab ich mir gleich gedacht. Aber ins Krankenhaus geh ich nicht. Fragen Sie doch mal die fremden Gören!"

„Unsinn, die müssen vormittags in die Schule gehen. Außerdem sind wir nicht verpflichtet, für Sie
eine Pflegerin zu suchen", meinte die Doktorsfrau
ärgerlich. „Los, los, steigen Sie ins Auto ein, wir
werden Sie ins Krankenhaus bringen!"

Aber da sie auf dem Wege in die Klinik sowieso an
den Baracken der Italiener vorbeikamen, hielt der
gutmütige Doktor an und klopfte an Volpones Tür.
Die Familie saß beim Abendessen, und nach einigem Hin und Her erklärte sie sich bereit, die Pflege
des Hexers zu übernehmen. Julia, die in der Spinnstoff-Fabrik arbeitete und jeden Morgen an dem
Häuschen des Hexers vorbeiradelte, würde etwas
früher aufstehen und ihm Frühstück geben und das
Bett machen. Später würde die Nonna nach ihm sehen und ihm das Essen kochen. Am Nachmittag
konnten sich die Kinder um ihn kümmern.

Die Pieselang-Kinder mussten nun allein an ihrem
Baumhaus bauen, denn die Volpone-Kinder hatten
keine Zeit für sie; aber wie sich herausstellte,
machte es den Pieselang-Kindern ohne die Volpone-

Kinder gar keinen Spaß. Außerdem waren sie neugierig, wie das Hexerhaus von innen aussah. Als Erster ging Peter mit den Italienern zum Hexer, und was er erzählte, war so erstaunlich, dass Brigitte und Rolf am nächsten Tag ebenfalls hingingen. Nur Jan blieb noch fern. Es kränkte seinen Stolz, dass er Maria und Mario hatte allein zu dem kranken Mann zurückgehen lassen. Er hatte vor dem Hexer Angst, wie er sich heimlich eingestehen musste, und ausgerechnet Maria, das Mädchen, war von ihnen allen die Mutigste gewesen. Als die Geschwister nach Hause kamen, tat er, als wenn er seine Briefmarkensammlung sortierte und sich überhaupt nicht für ihre Gespräche interessierte, aber er hörte doch gespannt zu, als die Kinder Oma von ihren Erlebnissen erzählten.

Das Häuschen musste innen sehr seltsam sein, mit Löwen- und Zebrafellen an den Wänden und auf dem Fußboden, mit schwarzen, geschnitzten Negergöttern mit dicken Bäuchen und wulstigen Lippen, einem großen Flaschenkürbis, aus dem der Hexer seine Milch trank, einem langen Speer und einem Dolch in roter Lederscheide, die über dem

Bett hingen, in dem der Hexer lag und meistens fluchte und nörgelte. Wenn er ganz wütend wurde, griff er nach dem Speer und tat, als wenn er denjenigen, über den er sich ärgerte, durchbohren wollte.

Während alle anderen Angst hatten, lachte Maria darüber nur, und die Nonna nahm ihm den Speer aus der Hand, hängte ihn wieder auf und sagte: „Doktor hat gesagt, du müssen ruhig liegen, sonst Kopf nicht wird wieder ganz – basta!"

Und wenn er schimpfte, dass er sich von alten Weibern nicht bevormunden ließe, schüttelte sie nur den Kopf und sagte: „Ich gar nix verstehn – no!", wandte sich um und ging in die kleine Küche, um die Suppe vom Herd zu nehmen. Die aß der Hexer mit größtem Behagen, das sah man, obgleich er nie ein Wort des Lobes herausbrachte.

Aber das kümmerte die Nonna nicht. Sie öffnete die Fenster, trotz des Protestgeschreis des Hexers: „Soll ich denn außer der Gehirnerschütterung noch eine Lungenentzündung bekommen?"

Sie wusch ihm seine Wäsche und hängte sie im Garten auf die Leine, nähte und stopfte, räumte die Wohnung auf, die es bitter nötig hatte, schlug die Hände zusammen, rief: „Mamma mia!", als sie die vielen Flaschen in allen Ecken sah, und warf sie in den Mülleimer. Auch ein paar volle waren darunter. Sie schleppte die Fellteppiche ins Freie, legte sie über den Gartenzaun und stand bald in einer Staubwolke, als sie sie ausklopfte.

„He", rief der Hexer durch das offene Fenster verzweifelt, „lassen Sie meinen Löwen in Ruhe! Was geht Sie mein Löwe an?"

Aber sie rief nur zurück: „Ich gar nix verstehen – no!"

Sie jätete Unkraut im Gemüsegarten und fütterte die Hühner. Nur mit den beiden Kühen kam sie nicht zurecht. Sie war in Italien am Meer als Tochter eines Fischers aufgewachsen, auch ihr Mann war Fischer gewesen, bis die Fische an der Küste im Süden Italiens immer weniger, der Verdienst immer geringer und die beiden Söhne Arbeiter geworden waren. Die Nonna hatte noch nie eine Kuh gemolken.

Die Kühe mussten aber dringend gemolken werden, sie hatten pralle Euter und brüllten. Peter versuchte als Erster sein Glück. Er band sich den alten, einbeinigen Melkschemel, der im Stall in der Ecke stand, auf Anweisung des Hexers an das Hinterteil. Unter dem Lachen und Jubeln der Kinder und dem Schimpfen und Schreien des Hexers stolzierte er damit erst einmal eine Weile auf dem Hof herum, bis er sich an die erste Kuh wagte. Doch so viel er auch am Euter zog, es wollte keine Milch kommen. Die Kuh blickte sich nur mit ihren großen Augen erstaunt nach ihm um und schlug mit dem Schwanz. Schließlich versuchte Brigitte es. Aber ihr ging es nicht besser – im Gegenteil. Sie zog gerade kräftig am Euter, als sie auf dem wackeligen Stuhl das Gleichgewicht verlor. Sie versuchte sich am Euter festzuhalten, was der Kuh gar nicht behagte. „Muuh!", brüllte die und schlug heftiger mit dem Schwanz. Doch ein Strahl Milch spritzte nun hervor, allerdings nicht in den Eimer, sondern in die falsche Richtung. Er traf die Nonna mitten ins Gesicht. Brigitte aber landete im Kuhdung auf dem Boden.

Die Nonna wischte sich Tränen lachend die Milch von der runden Backe, half Brigitte auf und ging mit ihr zum Brunnen, wo sich beide säuberten.

Der Hexer aber lachte nicht. „Idioten", schimpfte er, „können nicht mal 'ne Kuh melken!" Und Brigitte brüllte er an: „Eine Kuh ist doch kein Klingelzug, du dumme Gans!"

Als Jan diese Geschichte hörte, wusste er Rat. Er hatte nun wenigstens einen Grund, auch beim

Hexer einzudringen. Mit seinem Rad fuhr er sofort zu Frieder.

„Mmm", brummte Frieder, „eigentlich sind wir ja Großbauern und melken gar nicht mehr. Wir haben eine Melkmaschine."

„Dann kannst du gar nicht melken?", fragte Jan enttäuscht.

Frieder blickte ihn von oben herab an. „Natürlich kann ich melken. Was denkst du denn? Jeder Bauer kann melken. Außerdem haben wir zwei Kühe, die Minna und die Tusnelda, die mögen keine Melkmaschine, die wollen nur mit der Hand gemolken werden."

So fuhren denn Frieder, mit seinem Radio an der Lenkstange, und Jan zum Hexer, der sie misstrauisch betrachtete. „Was wollt ihr in meinem Stall? Bleibt von meinem Stall weg!"

Aber Maria, die ihm gerade das Bett machte, fragte: „Ecco, was ist – sollen Kühe platzen?"

Da nickte der Hexer schließlich mürrisch und sagte: „Na schön, dann versucht's mal!"

Frieder schnallte sich den Melkschemel fachmännisch an das Hinterteil, stellte im Radio Musik an und begann zu melken. Zur Erleichterung von Jan und Maria, die zuschauten, spritzte die Milch auf-

schäumend in den Eimer. Aber plötzlich hörten sie
nebenan einen schrecklichen Lärm.

„He", rief der Hexer, „he, was soll das – macht die
Jammerkiste aus, ich will eine solche Jammerkiste
nicht in meinem Hause haben!"

Als die Kinder sich nicht um sein Geschrei kümmerten, schlug er mit dem Speer auf einen in der
Nähe stehenden Topf ein, dass es fürchterlich
schepperte. Frieder seufzte, stellte das Radio ab
und meinte zu Jan: „Sag ihm, dass die Kühe mehr
Milch geben, wenn man ihnen Musik vorspielt, wir
haben das bei uns zu Hause im Stall ausprobiert."

Jan kam zurück: „Er meint, gegen Musik hätte er ja

nichts, aber nicht mit so 'nem Wimmerkasten – wie er sagt. Weißt du, er hat was gegen Technik. Er kann keine Traktoren leiden und keine Fabriken, kein Fernsehen und keine Radios. Er sagt, wir sollen singen."

„Na schön", sagte Frieder gutmütig, fing wieder an zu melken und sang dazu: „Trinke noch ein Tröppchen, trinke noch ein Tröppchen aus dem kleinen Henkeltöppchen!" Frieder begann gerade mit dem Stimmwechsel, und so war der Gesang nicht gerade ein Ohrenschmaus. Jan blieb jeder Ton im Halse stecken.

„Sing mit", forderte Frieder ihn auf.

„Ich kann das Lied nicht, außerdem – mögen das die Kühe denn, wenn du so falsch singst?"

Nebenan klapperte wieder der Speer auf dem Topf. Als Jan zum Hexer geeilt und wieder in den Stall zurückgekehrt war, verkündete er verwundert: „Der Hexer sagt, du sollst weitermelken und weitersingen, er findet das Lied schön."

In Windeseile hatte Frieder nun die beiden Kühe leer gemolken und Maria noch einen kurzen Unterricht im Melken gegeben. Jan war dazu zu ungeschickt, außerdem war Maria musikalischer.

Der Hexer begutachtete kritisch die beiden vollen

Eimer Milch, ließ sich davon etwas in seinen Flaschenkürbis füllen und winkte den Jungen zum Ab-
schied gnädig zu.

Der Hexer war jetzt überhaupt oft recht guter
Laune. Er genoss es sichtlich, von den Volpones
und den Pieselangs verwöhnt zu werden. Er durfte
zwar noch nicht aufstehen, aber er saß schon auf-
recht im Bett, wodurch er viel besser seine Befehle
erteilen konnte. Am meisten freute er sich, wenn
morgens Julia auf dem Weg zur Fabrik bei ihm he-
reinschaute. Das hübsche, freundliche Mädchen
hatte es ihm angetan. Und doch konnte er es nicht
lassen, sie zu ärgern.

„Warum gehst du in die Fabrik, in diesen scheußli-
chen Kasten, he? Die tut mit ihren Schornsteinen
nichts anderes als die Luft zu verpesten.“

„Die tut machen Kleiderstoff, die Fabrik“, sagte Julia energisch. „Leute brauchen Kleider. Also ist
ganz nützlich, was wir machen da.“

„Früher haben die Leute sich ihre Kleider selber ge-
webt und genäht“, knurrte der Hexer, „das ging
auch. Da brauchte kein Mensch Maschinen und
Schornsteine und den ganzen Dreck. Alle Maschi-

nen sind Teufelsdreck, und wenn du dort arbeitest, bist du auch beim Teufel!"

„Was soll ich machen – muss verdienen Geld, basta!", schrie Julia ihn wütend an und stieg auf das Rad, um pünktlich an ihrer Arbeitsstelle zu sein. Aber beim Fahren hatte sie Tränen in den Augen, denn sie arbeitete wirklich nicht gern in der Fabrik. Den ganzen Tag Stoffe von einem laufenden Band auf das andere schieben war sehr langweilig.

Bald nach Julia tauchte die Nonna mit einem Korb voller Lebensmittel beim Hexer auf. Vor ihr hatte er ein wenig Angst, weil sie mit „Mamma mia"-Rufen das ganze Häuschen auf den Kopf stellte, es vom Fußboden bis zu den Fenstern blitzblank putzte, was der Hexer sehr ungemütlich fand. Außerdem warf sie jede Flasche Schnaps, die sie entdeckte, erbarmungslos in den Mülleimer.

„Ist Gift, si, nicht gutt für Gesundheit, no, überhaupt nicht gutt für krankes Mann, no, no, no!"

Doch das Essen, das sie ihm kochte, schmeckte wunderbar, und deshalb verzieh er ihr alles andere.

Wenn die Nonna verschwunden war, schlich der Hexer heimlich zu seinen Verstecken im Kuhstall, in den sich die Nonna nicht hineintraute, und zu dem Holzhaufen im Hof, unter dessen aufgestapelten Scheiten er Flaschen lagerte, die ihm der arglose Milchmann aus der Stadt mitgebracht hatte. Dann füllte er den Schnaps zu der Milch in den Kürbis und warf die leeren Flaschen in den Wald.

Die Nonna wunderte sich: „Diese Mann wird besoffen nur von Milch!"

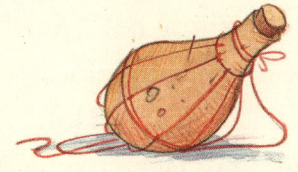

Am Nachmittag waren die Kinder beim Hexer, und nun hatte er genug Hilfen. Wie ein König saß er in seinem Bett und erteilte Befehle. Die Kinder hatten sich die Aufgaben geteilt. Brigitte übernahm die Krankenpflege. Sie gab ihm Medizin, machte kalte Umschläge auf die Stirn und massierte das kranke Bein. Maria fütterte die Hühner und melkte unter Gesang die Kühe, was sie von Frieder gelernt hatte und nun schon gut konnte. Außerdem wurde sie geholt, wenn die anderen mit dem Hexer nicht fertig wurden.

Sie schnauzte ihn dann mit ihrer rauen Stimme an: „Was – du nicht wollen deine Medizin nehmen, 'exer? No? Willst dir wohl immer und immer bedienen lassen. Dann gehen wir aber sofort alle weg, si, wollen nicht alte, dumme Mann bedienen, basta!"

Der Hexer grinste, sagte: „Basta!", schluckte seine Tabletten und verzog das Gesicht. „Aber die sind so bitter, habt ihr nicht was, das besser schmeckt für einen armen, alten Mann?"

„Ach du, stell dir nicht so an!", fauchte Maria und verschwand wieder im Kuhstall.

Peter und Alessandro sägten Holz, das der Hexer gesammelt hatte, und hackten es zu Scheiten. Jan, Mario und Peppino reparierten den kaputten Zaun. Rolf hatte vielleicht die wichtigste Aufgabe. Er musste den Hexer bei guter Laune halten. Am ersten Tag war er an das Bett des Mannes getreten und hatte stolz verkündet: „Ich habe auch mal ein Loch im Kopf gehabt!" Er lüpfte den Trapperhut und zeigte die Narbe an der Stirn.

„Mmm", brummte der Hexer und fragte eifersüchtig: „Warst du denn auch bewusstlos?" Als Rolf den Kopf schüttelte, meinte er stolz: „Dann war es keine Gehirnerschütterung wie bei mir!"

„Erzähl von der Schütterung", sagte Rolf.

Der Hexer erzählte, und Rolf hörte ihm atemlos zu.

Von da an waren sie Freunde.

Rolf führte ihm nach und nach alle seine Hüte vor und bekam schließlich vom Hexer einen afrikanischen Negerkopfputz aus Leopardenfell und Federn geschenkt, der allerdings schon von Motten zerfressen war.

Der Hexer erzählte Rolf nicht nur von seiner Verletzung, sondern auch von dem Leben in Afrika. Als die anderen das merkten, setzten sie sich nach der Arbeit dazu und lauschten auch. Er erzählte aufregende Geschichten von seiner Zeit als Wildhütergehilfe in Uganda, von Löwen, Nashörnern und Elefanten, wie ihn ein wilder Büffel überrannt und ihm das Bein kaputtgetreten hatte, von den Negern, die seine Freunde waren, und wie er von ihnen das Hexen gelernt hatte.

„Richtig hexen?", fragte Rolf mit riesengroßen Augen.

Der Hexer nickte. „Wenn ich wollte, könnte ich euch alle in Eichhörnchen verwandeln!"

Maria schnaufte verächtlich. „Mamma mia – wie diese Mann lügen!"

„Aber warum bist du denn wieder nach Deutschland zurückgekommen, wenn es in Afrika so toll ist?", fragte Peter.

Der Hexer brummte böse: „Das ist eine besondere Geschichte. Da war so 'n hoher Regierungsboss, der hat Elefanten gejagt, auch in unserem Naturpark, obwohl es da verboten war, aber er war scharf auf das Elfenbein. Und da hab ich ihn mal erwischt und halb totgeprügelt. Aber die blöden Kanaillen von der Polizei haben gesagt, ich hätte ihn anzeigen müssen, aber nicht verhauen, und sie haben mich vom Wildpark entlassen, und kein anderer Tierpark hat mich mehr aufgenommen."

Von dieser Geschichte waren die Kinder tief beeindruckt, und der Hexer schien ihnen ein Held zu sein.

Aber als sie Frieder die Sache erzählten, grinste der breit. „Mein Vater ist hier ja Bürgermeister und weiß, warum sie den Hexer in Afrika entlassen haben, nämlich weil er zu viel gesoffen hat. Das war der Grund! Aber die Sache mit dem Büffel stimmt wirklich. Der hat ihm sein Bein kaputtgemacht, und deshalb kriegt er auch 'ne Rente. Aber sonst – glaubt dem bloß nicht zu viel. Der lügt wie gedruckt!"

Von nun an waren die Geschichten des Hexers

noch spannender, weil man nie genau wusste, was daran wahr und was ausgedacht war.

Sein Haar und der Bart wurden immer dichter und länger, und bald konnte man von dem Gesicht nur noch die listigen kleinen Äuglein und die rote Nase sehen. Die Nonna erschien eines Tages mit einer großen Schere. „Ich Haare schneiden, subito, sì!"
Aber das erste Mal konnte sie sich beim Hexer nicht durchsetzen. Er schrie wie ein verwundeter Stier: „Bleib von meinen Haaren weg, Weib! Meine Haare sind meine Privatangelegenheit, die gehen dich nichts an!"
Er sah so böse aus, dass die Nonna die Schere seufzend wieder in ihren Einkaufskorb legte. „Wenn er wenigstens mal kämmen machte!"
Die Kinder wetteten untereinander, dass der Hexer nie seinen Bart kämmen würde. Maria, Alessandro, Peter und Jan waren davon überzeugt, Brigitte, Mario, Rolf und Peppino glaubten, er täte es doch ab und zu. Rolf wurde beauftragt, dem Hexer beim Nachmittagsschlaf, der nach seinen Wanderungen

in den Stall und zum Holzhaufen meist besonders tief war, einen Plastikindianer in den Bart zu stecken. Als sie nach acht Tagen. wieder während der Mittagsruhe, nachsahen, hockte der Indianer tatsächlich noch unverrückt in seinem Nest aus krausen schwarzen Haaren.

Die vierzehn Tage waren um, doch der Hexer machte keine Anstalten, sein Bett zu verlassen. Noch nie in seinem Leben war er so sehr verwöhnt worden.

Aber eines Tages fing die Nonna an, die Betttücher abzuziehen. „Muss gewaschen werden!"

Da fand der Hexer es zu ungemütlich und verzog sich murrend in den verrotteten Korbstuhl vor der Haustür. Von da aus hörte er die Kinder beim Bau des Baumhauses, das sie wegen seiner Pflege sehr vernachlässigt hatten. Als sie von dort zurückkamen, fragte er: „Könnt ihr denn überhaupt ein Baumhaus bauen? Ich weiß, wie man so was macht. Hab's von den Negern gelernt und lange genug darin gelebt."

Maria meinte: „'exer lügen mal wieder!"

Aber jetzt wurde der Mann richtig böse. „Was

redest du, du kleine Gans. Es stimmt, dass wir im Busch in Baumhäusern gelebt haben, damit uns die Schlangen und wilden Tiere nichts tun konnten."

„Ach, Hexer, kannst du uns dann nicht mal zeigen, wie man so was baut?", rief Peter. „Es fällt uns immer wieder alles auseinander."

Der Hexer stand auf und humpelte trotz des Protestgeschreis der Nonna mit den Kindern zusammen in den Wald. Er schnaufte verächtlich, als er das Baumhaus sah, setzte sich auf einen morschen Stamm in der Sonne und gab von nun an mit Schimpfen und Schreien seine Anweisungen. Er genoss es, sie wie seine Sklaven zu hetzen. Doch die Kinder merkten, dass er diesmal wirklich etwas von der Sache verstand. Unter seiner Anleitung errichteten sie ein wunderschönes Haus in der Krone der Eiche, fest, luftig und doch regendicht und leicht zu ersteigen.

Nach drei Tagen schon war das Baumhaus fertig, und der Hexer ließ es sich nicht nehmen, hinaufzuklettern. Es war mühsam – von oben zogen Jan und Mario, von unten schoben Peter und Maria. Brigitte stand neben dem Baum und jammerte: „Wenn er nur nicht runterfällt und 'ne neue Gehirnerschütterung kriegt!"

Aber der Hexer schaffte es.

Oben zeigte er sich ganz anders, als sie ihn sonst kannten. Er lachte und strahlte. „Ha, was für eine Aussicht! Da ist mein Haus und da die Scheißfabrik und da der Hof vom Huber. Und wenn man hier übernachtet, kann man sicher die Wildschweine und die paar Rehe, die sie noch übrig gelassen haben, beobachten. Schade, dass ich allein mit meinem blöden Bein nicht rauf kann!"

Das fanden die Kinder allerdings nicht schade, denn schließlich war die Sache mit dem Baumhaus ja ihre Idee gewesen, wenn der Hexer ihnen auch geholfen hatte, dass es so fachmännisch geworden war. Er konnte sie ja ab und zu besuchen, aber nicht allzu oft.

Sorgen

Vater Volpone klopfte an Lehrer Pieselangs Studierstube.
„Kommen Sie herein!"
Als der Lehrer die bedrückte Miene
seines Gastes sah, schob er einen Stoß
Hefte, die er gerade korrigierte, beiseite
und sagte: „Was ist los, mein Freund,
haben Sie Sorgen? Setzen Sie sich und erzählen
Sie!"
Vater Volpone ließ sich in den angebotenen Sessel
fallen und berichtete. Der Bau der neuen Autobahn
war fertig gestellt, und man wollte die italienischen
Gastarbeiter nun wieder in ihre Heimat zurück-
schicken.
„Aber was sollen wir machen dort?", jammerte Vater Volpone. „Kalabrien sein schönes Land, molto
bello, aber nix Arbeit, gar keine Arbeit. Wir wollen
bleiben hier, Kinder fühlen sich wohl hier in deutsche Schule, und ich werd schon finden Arbeit in
Spinnstoff-Fabrik oder Wald oder so – aber sie wollen uns nicht lassen! Sie wollen uns in Eisenbahn

setzen und ab nach Hause! Was soll ich mit große Familie da anfangen, ohne Arbeit?"

Lehrer Pieselang überlegte eine Weile und entwarf dann eine schriftliche Bitte um eine Aufenthaltsgenehmigung für die Volpone-Familie. Vater Volpone unterschrieb sie und warf den Brief anschließend sofort in den Briefkasten des Bürgermeisteramtes.

Als die Familie Pieselang davon hörte, war sie in heller Aufregung.

„Das kommt ja überhaupt nicht in Frage!", schrie Rolf wütend. „Die dürfen doch den Peppino nicht wegschicken, der ist doch mein Freund, mein amico!"

Die anderen riefen durcheinander: „Da muss man doch was tun! Oma, kannst du nicht was machen?!"

Oma antwortete nicht, aber sie sah nachdenklich aus. Nach dem Abendbrot setzte sie den Hut auf, nahm Handtasche und Regenschirm und machte sich auf den Weg zur Nonna. Als sie nach Hause zurückgekehrt war, ging sie wie immer zum Gute-Nacht-Sagen von einem Kinderzimmer ins andere. Die Kinder waren erstaunt und ein wenig vorwurfsvoll, dass sie gar nicht bedrückt zu sein schien, obgleich alle sich so große Sorgen um die Volpone-Freunde machten. Aber Oma sagte nur geheimnisvoll: „Die Nonna und ich, wir haben eine Idee!"

Mehr bekamen die Kinder heute nicht aus ihr heraus. Aber die Sorgen waren gleich etwas leichter.

Am nächsten Tag in der Schule sagte Frieder, dessen Vater der Bürgermeister des Ortes war, zu Mario: „Heute ist Gemeinderatssitzung, da werden die beschließen, ob ihr im Dorf bleiben dürft. Ich drück euch die Daumen, aber mein Vater sagt, es sieht schlecht für euch aus."

Jan horchte Frieder näher aus und erfuhr, dass die Sitzung um achtzehn Uhr im Bürgermeisteramt stattfinden sollte. Kurz vor dieser Zeit zog Oma sich ihr gutes, schwarzes Sonntagskleid an, drehte den Haarknoten besonders sorgfältig zusammen, setzte den lila Strohhut auf, steckte die Granatbrosche an, betrachtete sich noch einmal von allen Seiten im Spiegel und rief die Kinder. Gemeinsam gingen sie ins Dorf. Oma klopfte an die Tür zum Beratungszimmer der Bürgermeisterei und trat ein. Der

Bürgermeister und vier der wohlhabendsten Bauern, dazu der Besitzer der einzigen Tankstelle im Ort saßen zusammen um einen großen, runden Eichentisch, jeder mit einem Bierseidel vor sich. Sie blickten erstaunt auf, als die Pieselangs in den Saal drängten.

Der Bürgermeister stand auf: „Leider, leider, Frau Pieselang, habe ich jetzt keine Zeit für Sie, wir haben eine Sitzung!"

„Eben deshalb bin ich ja hier", sagte Oma freundlich. „Peter, bring mir bitte einen Stuhl." Sie setzte sich trotz des missbilligenden Erstaunens der Männer, zog ihren Rock gerade, nahm die Handtasche auf den Schoß und erklärte: „Ich habe einen Vorschlag zu machen, der unserem Ort großen Nutzen bringen wird. Es handelt sich um die Familie Volpone."

Die Männer scharrten unruhig mit ihren Bierseideln auf dem Tisch und warfen dem Bürgermeister aufmunternde Blicke zu. Oma Pieselang war im Dorf sehr beliebt, und niemand wagte es, sich mit ihr schlecht zu stellen, aber was zu viel war, war zu viel! Wie konnte die alte Dame einfach in eine Ratssitzung eindringen, wo angesehene Männer das Schicksal des Dorfes entschieden!

Der Bürgermeister bekam einen roten Kopf. „Es tut mir Leid, Frau Pieselang", sagte er immer noch höflich, doch etwas ungeduldig, „aber die Sache ist bereits entschieden. Wir können den Italienern im Ort keinen Zuzug gestatten. Was sollen sie denn hier arbeiten?"

„Das habe ich mir schon überlegt, und da ist mir eine ausgezeichnete Idee gekommen", meinte Oma. „Großmutter Volpone ist eine wunderbare Köchin. Sie kann in unserem Dorf eine Pizzabäckerei aufmachen und ihr Sohn eine Eisdiele. Beides fehlt hier sehr."

„Au ja", riefen die Kinder, die bis jetzt von Omas Plänen noch nichts erfahren hatten. „Fabelhaft, das ist die Masche! Klasse! Echt dufte! Oma, du bist 'n Ass!" Und Rolf hopste wie ein Gummiball auf und ab und rief: „Hurra! Eis, Eis, Eis, Gelato, Gelato, Gelato!"

Bauer Huber, der den zweitgrößten Hof im Dorf besaß, schlug jetzt mit der flachen Hand auf den Tisch. „Also, das geht zu weit! Was haben Kinder in einer Ratssitzung zu suchen?!"

Oma nickte und wandte sich ihren Enkeln zu: „Seid lieb und spielt brav draußen, bis ich fertig bin."

Sie blinzelte ihnen verschmitzt zu. Ohne zu murren, verließen die Kinder den Raum. „Meint sie wirklich, dass wir brav draußen spielen sollen?", maulte Brigitte.

„Ach wo", sagte Jan. „das hat sie doch nur gesagt, um die ein bisschen einzulullen."

Brigitte, Peter und Rolf sahen ihn bewundernd an.

Was Jan immer für tolle Ausdrücke wusste! Um nicht allzu brav zu sein, schaukelten sie auf dem Tor der Bürgermeisterei, was, wie sie wussten, verboten war.

Drinnen räusperte sich Bauer Huber. „Wir sollten eine so wichtige Sache wohl überhaupt unter uns beschließen", sagte er, ohne Oma anzublicken.

Der jugendliche, muntere Tankstellenbesitzer hob die Hand. „Ich bin dafür, dass Frau Pieselang an unserer Besprechung teilnimmt, weil sie ja diesen interessanten Vorschlag eingebracht und sicher noch mehr dazu zu sagen hat."

Der Bürgermeister wischte sich die Stirn. Er wollte es weder mit seinen Bauern noch mit Oma verderben. „Nun ja", meinte er gequält, „wir können die Sache erst einmal kurz zusammen besprechen, aber für den endgültigen Entschluss müssen wir leider unter uns sein."

Er verbeugte sich leicht vor Oma.

„Das verstehe ich", sagte Oma liebenswürdig. „Aber ist mein Vorschlag nicht wirklich interessant?"

Bauer Huber schüttelte seinen schweren Schädel.

„Wer mag in unserem Ort schon italienisches Essen?", murrte er. „Unsere Frauen kochen auf gute altdeutsche Manier, und so wollen wir es weiter halten."

„Aber wenn Besucher in den Ort kommen, brauchen wir ein Lokal", meinte der Tankstellenbesitzer eifrig. „Und da die Autobahn jetzt in der Nähe vorbeiführt, dürfte das den Fremdenverkehr heben, was nicht unerwünscht wäre. Doch wo sollen Fremde in unserem Ort etwas zu essen bekommen?"

„Wir brauchen keinen Fremdenverkehr", brummte einer der Bauern. „Die Touristen stören hier nur, legen sich auf die ungemähten Wiesen, machen viel Lärm und bringen lockere Sitten mit – außerdem können sie ja im ‚Ochsen' essen."

Oma seufzte. „Nun ja, sie könnten, wenn der Ochsenwirt nicht dreimal in der Woche seine Türen schließen würde, weil ihm wieder einmal seine Frau ausgerissen ist."

„Außerdem", meinte der Tankstellenbesitzer, „gibt's im ‚Ochsen' nie etwas anderes zu essen als das älteste Ochsenfleisch, zäh wie Leder und mit einer trüben Mehlsoße."

Oma nickte. „Der ‚Ochse' macht seinem Namen alle Ehre."

Ein anderer Bauer räusperte sich. „Die Idee mit dem Lokal wäre gar nicht so schlecht, wenn die Leute nicht Italiener wären. Jeder Mensch weiß, dass Italiener faul und schmutzig sind."

Oma wurde nun ärgerlich. „Ach, wirklich? Und wer hat fleißig die Autobahn gebaut? Und wer arbeitet in der Spinnstoff-Fabrik an den unerfreulichsten Plätzen fleißig und ordentlich? Sind das nicht unsere italienischen Gastarbeiter? Und schmutzig sollen sie sein? Fragen Sie mal den Hexer. Der Hexer wird Ihnen bestätigen, dass die Nonna, ich meine Großmutter Volpone, ihn mit ihrem Reinemachen mächtig geärgert hat. Das Häuschen, das wirklich ein Schandfleck für den Ort war, blitzt jetzt vor Sauberkeit."

127

„Sehn Sie, das ist es ja gerade", brummte der Huberbauer, „die Italiener lassen sich mit dem Hexer ein, mit diesem üblen Burschen, mit dem kein Mensch im Ort etwas zu tun haben will. Die Italiener aber freunden sich mit ihm an und stecken jeden Tag vom Morgen bis zum Abend in seiner Höhle. Die gehören eben zusammen, diese Untermenschen. Aber einer von dieser Sorte reicht in unserem Dorf."

Bei dem Wort „Untermensch" war Oma aufgesprungen. Kerzengerade stand sie vor den Bauern und sah sie mit funkelnden Augen an. „Diese ‚Untermenschen' waren die Einzigen im Ort, die einen hilflosen, kranken Mann wieder gesund gepflegt haben. Niemand von den ehrbaren Bauern und Bürgern hier hat sich um ihn gekümmert. Ihr hättet ihn ohne mit der Wimper zu zucken verkommen lassen!"

So zierlich und klein Oma war und trotz des Hutes, der in der Erregung etwas verrutscht war, rauschte sie majestätisch wie eine Königin aus dem Saal, dessen Tür ihr der Tankstellenbesitzer ehrerbietig aufriss. Die Männer sahen ihr verdutzt nach.

Aber trotzdem: Drei Tage später bekam Vater Volpone eine Ablehnung seines Gesuches: „Wir bedauern, Ihnen keine Aufenthaltsgenehmigung geben zu können!"

Die Pieselang- und die Volpone-Kinder schimpften und weinten. Vater Pieselang riet, erst einmal Einspruch zu erheben, um Zeit zu gewinnen. Oma beruhigte die Kinder und beschloss, diese Zeit zu nutzen. An jedem Nachmittag stülpte sie jetzt den Hut auf den Kopf, nahm Handtasche und Schirm und ging „auf Besuch".

Den ersten machte sie bei der Huberbäuerin am frühen Nachmittag, als sie wusste, dass der Bauer noch auf dem Feld arbeitete. Die Bäuerin kochte gerade Pflaumenmus ein. Sie freute sich über Omas Besuch, stellte ihr eine Tasse Kaffee und ein stattliches Stück Napfkuchen hin, konnte sich aber nicht dazusetzen, weil sie ständig am Herd stehen und das Mus rühren musste, damit es nicht anbrannte.

„Eine Bäuerin hat auch nie Ruhe", meinte Oma mitfühlend.

Die Frau seufzte. „Ja, ja, immer und immer Arbeit, wochentags und sonntags, tagein, tagaus. Es ist nicht leicht."

„Geht denn Ihr Mann sonntags nicht mal mit Ihnen essen, damit Sie nicht immer kochen müssen?"

Die Bäuerin lachte. „Ach woher denn, dem

schmeckt's doch nur zu Hause. Und wo sollten wir denn auch essen gehen, im ‚Ochsen‘ etwa? Wenn der schon mal offen hat, gibt's da doch nur einen Saufraß.“

„Nun ja“, meinte Oma, „ein gutes Lokal fehlt hier wirklich, damit unsere fleißigen Bäuerinnen auch mal ausspannen können.“

Und sie erzählte der aufhorchenden Frau von den Kochkünsten der Nonna und dem großen Plan.

„Können Sie bei Ihrem Mann nicht ein gutes Wort dafür einlegen?“

Die Bäuerin nickte nachdenklich.

Jeden Nachmittag machte Oma jetzt einen neuen Besuch.

Nach und nach kehrte sie in allen Bauernhöfen und bei den Frauen der Geschäftsleute ein. Die Frauen besprachen sich untereinander und waren schließlich von Omas Idee begeistert. An den Abenden versuchten sie, ihre Männer für den Plan zu gewinnen, aber leider wurden die Männer dadurch noch ablehnender.

„Es war immer so bei uns, dass die Frauen ihren Männern jeden Tag das Essen bereitet haben, wochentags und sonntags. Unsere Großmütter haben das schon so gemacht und unsere Mütter auch. Was sind das denn für neumodische Ideen, dass ihr keine Lust mehr dazu habt?"

„Wir möchten auch mal einen freien Sonntagvormittag haben", meinten die Frauen. „Wir müssen in der heißen Küche wirtschaften, während ihr im ‚Ochsen' euer Bier trinkt."

Wenn die Männer am Stammtisch zusammensaßen, sagten sie empört zueinander: „Was ist nur mit den Frauen los? Die Oma Pieselang macht uns die Frauen rebellisch. Sie soll sich aber verrechnet haben. Nun gerade nicht, die Italiener kommen uns nicht ins Dorf!"

In vielen Familien im Ort gab es jetzt öfter Auseinandersetzungen, und auch die Kinder nahmen daran teil, denn sie wollten unbedingt ihre Eisdiele haben. Die Pieselang-Kinder sorgten in der Schule dafür, dass während der Pause das Hauptgespräch

„Eis" war. Sie hatten es vorher geübt und brachten es dann zu einer wahren Meisterschaft, den anderen die köstlichsten Eisschleckereien auszumalen. Sie sprachen von Himbeer-, Vanille- und Schokoladeneis, Eis mit Früchten und Schlagsahne, Fürst-Pückler-Eis und Eisbomben. Den Klassenkameraden lief das Wasser im Mund zusammen. Natürlich hatten sie alle schon mal Eis gegessen, aber doch nur, wenn sie mit ihren Eltern zum Einkaufen in der Stadt waren. Wenn man es hier täglich vom Taschengeld kaufen könnte, wäre das doch etwas ganz anderes.

„Dann sind wir hier nicht mehr so hinter dem Mond!", meinte Jan.

Doch je mehr die Familien ihre Väter und Ehemänner bearbeiteten, desto hartnäckiger wurden diese in der Ablehnung. Oma seufzte. „Unsere Bauern haben mächtige Dickschädel!"

Aber sie gab nicht auf. Sie baute ihren Plan weiter aus und besprach sich mit den Bäuerinnen und den Kindern.

Eines Tages war es dann so weit. Eugen, dessen Vater eine Fahrradhandlung neben dem „Ochsen"

hatte, kam am Samstagnachmittag bei Pieselangs vorbei. „Also, es hat geklappt. Der Ochsenwirt hat mit ’nem Bierglas nach seiner Frau geworfen, und die ist mal wieder auf und davon in die Stadt!"

Die Pieselang-Familie ließ alles stehen und liegen und war nun äußerst geschäftig. Jan trommelte die Kinder im Dorf zu einem großen Fußballspiel am Sonntagvormittag zusammen. Brigitte, Peter, Rolf und die Volpone-Kinder waren zu Fuß und zu Rad den ganzen Nachmittag über unterwegs, um kleine Briefchen von Oma an die Bäuerinnen und die Geschäftsfrauen abzuliefern.

Der Sonntag war klar und wolkenlos, ein wenig zu warm, aber schön. Das Fußballspiel der Dorfjugend auf dem Sportplatz wurde mit großer Leidenschaft geführt. Die Spieler rannten und schwitzten. Auch die Zuschauer regten sich mächtig auf, sprangen auf ihren Plätzen herum und schrien. Natürlich siegte wieder die Partei, zu der Mario gehörte.

Etwa gegen zwölf Uhr machten sich Spieler und Zuschauer müde und hungrig auf den Heimweg. Im Dorf trafen sie mit den Bauern zusammen, die vom Wirtshaus ein wenig angeheitert in fröhlichem

133

Gespräch nach Hause gingen, in der Vorfreude auf ein gutes Sonntagsmahl, vielleicht einen leckeren Schweinebraten mit Klößen oder knusprige Hühnchen. Doch fast vor jeder Haustür saß die Hausfrau in der Sonne, lächelte ihren Lieben entgegen und sagte: „Ach nein, gekocht habe ich heute nicht."

„Aber wir haben Hunger!", riefen die Kinder, besonders die ausgepumpten Fußballspieler.

„Was ist in dich gefahren?", fragten die Männer.

Die Frau zuckte mit den Schultern. „Ich wollte auch mal einen vergnügten Sonntagvormittag haben." Sie dehnte sich. „Es war herrlich, einfach so in der Sonne zu sitzen und faul zu sein."

Der Mann brauste auf: „Aber es ist deine Pflicht, das Essen zu kochen!"

Die Frau lächelte spöttisch. „So? Und deine Pflicht ist es, am Sonntagvormittag im Wirtshaus zu sitzen, und die Pflicht der Kinder ist es, zum Fußballspiel zu gehen. Nein – ihr tut alle, was ihr möchtet. Und ich möchte heute faul sein, in der Sonne sitzen und mich mit den anderen Frauen zu einem Schwatz auf dem Marktplatz treffen." Sie stand auf und machte sich auf den Weg.

„Aber wir haben Hunger!", schrien die Kinder. Der Mann sah ihr verblüfft nach.

So oder so ähnlich spielte es sich in fast allen Haushalten des Dorfes ab.

Natürlich erkannten die Männer bald, was die Frauen im Sinn hatten. „Ihr sollt euch geirrt haben!", sagten sie und gingen zum „Ochsen". Aber der Ochsenwirt, der ihnen am Vormittag das Bier ausgeschenkt hatte, zuckte nun bedauernd mit den Schultern. „Nö, zu essen kann ich euch nichts geben, weil die Karline mal wieder ausgerissen ist. Ich kann nicht kochen!"

Auf dem Marktplatz herrschte unterdessen reges

Treiben. Frauen standen in Gruppen beieinander, lachten und schwatzten. Die Kinder wuselten dazwischen herum und jammerten: „Wir haben Hunger!"

Der Bürgermeister, der mit Sorge die Zuspitzung der Lage beobachtete, schickte einen Boten aus, der die Ratsherren zu einer außerordentlichen Sitzung einladen sollte. Sie kamen auch alle sofort, aber es war nicht leicht für sie, bis zum Bürgermeisteramt vorzudringen. Spöttische Bemerkungen der Frauen verfolgten sie, als sie sich durch die Menge drängten, und die Kinder zupften sie an den Röcken. „Wir haben solchen Hunger! Wenn wir uns wenigstens ein Eis kaufen könnten!"

Am Eichentisch im Verhandlungsraum saßen sie einander gegenüber und schauten sich hilflos an. „Also, ich finde, wir sollten nachgeben", meinte der Tankstellenbesitzer. „Was haben wir denn zu verlieren? Ein gutes Lokal kann uns doch nichts schaden, im Gegenteil!"

„Kommt überhaupt nicht in Frage", schrie der Huberbauer. „Wenn die Weiber uns einmal kleingekriegt haben, versuchen sie so was immer wieder!"

Der Bürgermeister stützte den Kopf in die Hand

und stöhnte: „Aber was sollen wir denn machen?
Wenn es nur nicht zu Gewalttaten kommt!"
Der Lärm, der vom Platz hereinschallte, schwoll
mehr und mehr an. „Wir haben Hunger, Hunger,
Hunger!", klang es im Sprechchor. Als die Ratsherren die Gardine ein wenig beiseite schoben und
durch das Fenster spähten, erschraken sie. Auf dem
Platz drängte sich das Volk. Transparente wurden
aufgerollt:

**Wir Frauen beanspruchen auch einmal
einen freien Sonntag!
Kinder brauchen Eis!
Die Arbeiter der Spinnstoff-Fabrik verlangen,
dass ihre fleißigen italienischen Arbeitskameraden
im Ort bleiben!
Der Fußballklub ohne seinen besten Spieler Mario? –
Unmöglich!**

„Wir geben nicht nach!", knurrte der Huberbauer,
aber auch er schaute etwas ängstlich hinab zu der
Unruhe auf dem Platz, auf das Wogen der Köpfe,
das Schwenken der Transparente und horchte wie
die anderen auf das immer mehr anschwellende Geschrei: „Wir haben Hunger, wir haben Hunger!",
das schließlich zu einem brausenden Chor wurde.

Betreten setzten sie sich wieder an den Verhandlungstisch.

„Was sollen wir nur machen?", fragte der Bürgermeister nun schon zum fünften Mal, aber niemandem fiel auf diese Frage etwas ein.

Zu ihrer Verblüffung hörte das „Hunger"-Rufen plötzlich auf und wich einem Jubelgeschrei. Als die Ratsherren die Gardine wieder neugierig beiseite schoben, sahen sie etwas Erstaunliches: Lehrer Pieselangs alter Opel schob sich vorsichtig durch die Menge, hielt an, lud die Nonna, die Oma und einen Riesenwaschkessel aus. Auf dem vom Auto freigekämpften Weg kamen die Volpone- und die Pieselang-Kinder mit Taschen, Rucksäcken und dem

zusammengebastelten Handkarren, alles voll beladen mit Tellern und Löffeln. Noch mehr Teller und Löffel und ein Tisch wurden in Windeseile aus dem „Ochsen" geschafft und der Kessel darauf gestellt, aus dem es geheimnisvoll dampfte. Hinter dem Tisch standen die Nonna und Oma Pieselang, die Nonna rund und lachend, mit kleinen Schweißperlen im Bärtchen auf der Oberlippe, die Oma schmal, zierlich und energisch dafür sorgend, dass es kein zu arges Gedränge gab. Mit großen Kellen schenkten sie Suppe aus dem Topf in die Teller und verteilten sie. Bald wich das „Hunger"-Geschrei lauten „Ahs" und „Ohs" und „Das schmeckt ja toll!"

Der Kessel wurde rasch geleert, aber schon kamen Vater Pieselang und Vater Volpone wieder mit einem neuen Waschkessel (diesmal war es der von Pieselangs) voller Suppe angefahren. Die Kessel wurden ausgetauscht, und die beiden Männer fuhren wieder mit dem leeren Kessel zurück in die Italienerbaracke, wo Mutter Pieselang ihnen Nachschub einfüllte.

Die Pieselang- und die Volpone-Kinder kamen selber kaum zum Essen, weil sie die Alten und Körperbehinderten und die kleinen Kinder, die sich nicht zum Tisch drängen konnten, die aber doch auch alle etwas von der guten Suppe kosten wollten, versorgten. Schließlich wurde es auf dem Platz ziemlich still, man hörte nur Löffelklappern und ab und zu einen entzückten Seufzer.

Die Ratsherren hinter der Gardine waren ratlos. Auch knurrten ihnen die Mägen. Plötzlich ging die Tür der Ratsstube auf. Sie fuhren wie beim Lauschen ertappte Sünder zusammen. Doch es war ein freundlicher Anblick, der sich ihnen bot.

Die hübsche Julia betrat schwarzlockig und lächelnd den Raum, in den Händen Omas Meißner

Suppenterrine, aus der es vielversprechend duftete. Ihr folgten, schwarzlockig und lächelnd, alle Volpone-Kinder mit Tellern und Löffeln beladen, als Letzte Maria, die unternehmungslustig die Suppenkelle schwenkte. Julia stellte die Terrine auf den Eichentisch, nahm Maria die Kelle ab und schenkte ruhig die Teller voll, die die Volpone-Kinder danach mit höflichen Verbeugungen vor die Ratsherren stellten.

Als Erster fing der Tankstellenbesitzer an zu essen. „Ah", sagte er, „köstlich – einfach köstlich!"

Da konnten die anderen nicht widerstehen. Sie löffelten und schlürften und nickten, und ihre Mienen hellten sich auf, sogar die vom Huberbauern. Als sie die Löffel aufatmend in die leeren Teller legten, sagten sie alle, wie aus einem Munde: „Ganz köstlich!"

Julia strahlte. „Si, Nonna kann kochen – diese Minestrone sein gutt, aber Nonna kann noch mehr, viel mehr!"

Am nächsten Tag bekamen die Volpones die Erlaubnis zur Eröffnung einer Pizzeria und einer Eisdiele im Dorf, verbunden mit der Aufenthaltsgenehmigung für alle Familienmitglieder, durch den Amtsboten zugestellt.

Das große Pizzafest

„Rumtumtum, rumtumtum",
dröhnten die Trommeln, „rumtumtum, rumtumtum." Die Kinder
kamen herbeigelaufen, die Bäuerinnen sahen aus den Fenstern oder traten vor die Türen, die Bauern, die
nicht auf dem Feld waren, kamen aus dem Stall,
Autofahrer hielten an und kurbelten ihre Fenster
herunter, die Kaufleute hörten auf, ihre Kunden zu
bedienen, und schauten mit diesen zusammen neugierig, was es da gab.

Ein Zug von Trommlern marschierte durch die
Dorfstraße, vorneweg der kleine Rolf mit dem Feuerwehrhelm auf dem Kopf, der geschickt die Klöp-
pel auf die Spielzeugtrommel prasseln ließ. Dahin-
ter schlugen Peppino, Alessandro und Peter mit
Stöcken auf umgekehrte Kochtöpfe, die sie sich um
den Hals gehängt hatten. Es dröhnte und schepperte. Ab und zu blieben sie stehen, damit auch jeder in Ruhe lesen konnte, was auf dem großen Plakat stand, das Jan und Mario zwischen sich trugen:

Achtung, Achtung,
Sonntag großes Pizzafest auf dem Dorfplatz
mit Einweihung der „Pizzeria della Nonna"
und der „Eisdiele Bella Italia".
Das Fest dauert vom Morgen bis in die Nacht,
und wir bieten viele Überraschungen!

Die Dorfkinder lachten aufgeregt und fragten: „Was für Überraschungen? Sagt doch, was das für Überraschungen sind!"

Aber selbst Rolf antwortete nicht, sondern machte nur ein wichtiges, geheimnisvolles Gesicht. Die Bäuerinnen schmunzelten, dass sie ihr Ziel erreicht hatten, im Ort ein Lokal zu bekommen. Die Bauern brummten teils ärgerlich, teils neugierig: „Pizzafest – was wird das schon für ein Unsinn sein! Das wird ein schöner Reinfall werden!"

„Rumtumtum, rumtumtum!" Der Zug wanderte weiter durch das Dorf. In den Nebenstraßen liefen Brigitte, Karoline und Maria von Haus zu Haus und steckten Zettel mit der gleichen Ankündigung wie auf dem Plakat in die Briefkästen. Manche der Geschäftsleute hatten sich bereit erklärt, ein Plakat in ihrem Schaufenster auszustellen, und keiner der Bauern, der sein Auto oder den Trecker an der

Tankstelle mit Benzin versorgen ließ, konnte an einem riesigen, auf ein Laken geschriebenen Transparent vorbeisehen, das zwischen zwei Tanksäulen ausgespannt war.

„Machst du den Quatsch denn auch mit, Otto?", fragten die Bauern missbilligend.

Der Tankstellenbesitzer lachte. „Ich bin sehr zufrieden, wenn es im Dorf ein gutes Lokal und eine Eisdiele gibt. Dann werden die Fremden nicht wie bisher durch unseren Ort hindurchfahren, sondern hier ein bisschen Rast machen und schließlich auch bei mir tanken."

Wochen voller Arbeit lagen hinter den Volpones und den Pieselangs. Ein Kredit hatte beschafft werden müssen, um Pizzeria und Eisdiele überhaupt betriebsfähig zu machen. Vater Pieselang war mit Vater Volpone zusammen in die Stadt gefahren, hatte mit dem Bankdirektor verhandelt und sich bereit erklärt, eine Bürgschaft zu übernehmen. Es war nicht viel Geld, das sie geborgt erhielten, aber fürs Erste würde es reichen.

Zuerst einmal musste das alte Bauernhaus am Markt, das eigentlich, da es schon lange baufällig war, abgerissen werden sollte, instand gesetzt werden. Vater Volpone leistete die Hauptarbeit daran, aber die Kinder halfen ihm, so gut sie konnten. Auch Lehrer Pieselang griff an Sonn- und Feiertagen mit zu, mauerte, zimmerte und malte wie die anderen.

Eine unerwartete Hilfe kam an einem Wochenende angebraust: Heiner auf seinem Motorrad, im Schlepptau weitere Motorräder und einen Volkswagenbus, voll gestopft mit Studenten. Sie erklärten sich bereit, an jedem Wochenende aus der Universitätsstadt zur Arbeit herüberzukommen, wenn sie dann auch am großen Pizzafest teilnehmen dürften. Sie schliefen auf Strohsäcken im einzigen Raum des Hauses, in den es nicht hineinregnete, wurden abwechselnd von der Nonna und von Oma verpflegt und brachten viel Unruhe und viel Lachen ins Dorf. Einige Bauern schüttelten verärgert die Köpfe, aber die Dorfjugend hatte ihr Vergnügen daran, und manches Mädchen wartete die ganze Woche lang sehnsüchtig auf den Samstag.

So war das Haus schneller hergestellt als erwartet. Es wurde wunderschön mit seinem dunkelroten Dach, den weiß gekalkten Wänden zwischen dem dunklen Fachwerk, den grünen Fensterläden und den beiden schokoladenbraunen Türen, die linke mit der Aufschrift „Pizzeria della Nonna", die rechte mit „Eisdiele Bella Italia". Einer der Studenten malte ganz zum Schluss, auf einer wackligen Leiter stehend, eine leuchtend gelbe Sonne an den Giebel. Alle waren sich einig: Außer dem Rathaus gab es kein hübscheres Haus am Platz, und niemand sah ihm mehr an, dass die Gemeinde es hatte abreißen wollen.

Doch mit dem Haus allein war es nicht getan. Die Volpones brauchten immer wieder Lehrer Pieselangs und Omas Hilfe, um Gerät und Möbel für die Lokale einzukaufen. Auch Heiner schaltete sich ein. Er verstand etwas von Maschinen und kümmerte sich um die Beschaffung der Eismaschine, des Kochherdes und der Kühlschränke. Eine Kaffeemaschine wurde extra aus Italien bestellt. „Denn Pizzeria ohne Espresso sein wie Minestrone ohne Salz!", meinte die Nonna.

Auch verschiedene Gewürze ließ sie sich aus ihrer Heimat kommen. Je näher die Eröffnung rückte, desto mehr geheimnisvolle Pakete wurden abgegeben und in dem kühlen Keller gelagert. Lastwagen fuhren vor und luden Säcke mit Mehl, Spaghetti, Reis, Salz und Kaffee ab, Flaschen mit italienischem Wein, Likör, Selterswasser und kurz vor dem Pizzafest Fleisch, Obst, Berge von Tomaten, Zitronen, Knoblauch, Zwiebeln, Oliven, Butter, Eispulver, Schokoladenpulver, Vanille und was nicht noch alles. Die Hühnerfarm lieferte mehrere Kisten mit Eiern und einen Berg von frischem Geflügel. Frieders Vater, der Bürgermeister, spendete zur Eröffnung ein Schwein.

Der Sonntagmorgen begann mit einem Riesengewitter. Donner krachte, Blitze zuckten, und der Regen stürzte vom Himmel, als würde mit Kannen gegossen. Die Pieselang-Kinder standen am Fenster und schauten teils zornig schimpfend, teils weinend in das Unwetter. „So eine Gemeinheit, was wird denn nun aus unserem Fest? So ein Mist!"

Oma deckte den Tisch. „Kommt zum Frühstück", sagte sie munter, „die Sonntagseier werden sonst kalt!"

„Aber Oma", rief Brigitte, „man kann doch nicht frühstücken, wenn man sich so aufregt!"

„Nun, wenn ihr etwas im Magen habt, könnt ihr sicher viel kräftiger schimpfen", meinte Oma. „Außerdem hat Petrus bestimmt noch nicht das letzte Wort gesprochen. Geduld – wie heißt das gleich auf Italienisch?"

„Pazienza!", riefen die Kinder im Chor.

„Pazienza, pazienza!", sagte Oma, und sie hatte mal wieder Recht.

Als die Frühstückseier gegessen waren, hatte es aufgehört zu regnen. Ein paar Sonnenstrahlen quetschten sich durch dunkle Wolken hindurch und schienen sie mit aller Kraft beiseite zu schieben. Als der Kakao getrunken und die Brötchen verzehrt waren, stand die Sonne lachend am Himmel, die Wolken verzogen sich rasch gen Westen, und die Tropfen, die noch an den Blättern der Bäume hingen, sahen aus wie lauter glitzernde Perlen.

„Was habe ich gesagt?", rief Oma, und „Hurra!", schrien die Kinder.

Eine Stunde später trafen sie sich in ihren Sonntagskleidern, Rolf den Negerkopfputz vom Hexer auf dem Kopf, mit den Volpone-Kindern auf dem Marktplatz vor dem Häuschen. Eine Menge Neugieriger stand schon herum, und als die Glocken läuteten, gesellten sich die Kirchgänger dazu, die dem Gottesdienst gar nicht so recht hatten folgen können, weil sie zu gespannt waren, was heute noch alles passieren würde.

Schon fing es mit dem ersten Programmpunkt an. Die Nonna kam aus dem Haus geeilt. Julia band ihr im Laufen noch rasch die Schürze ab. Die Volpone-Kinder hatten sich zusammengeschart, Vater Volpone und Julia stellten sich hinter sie, die Nonna hob die Hand, und ein fröhliches italienisches Volkslied erklang. Ein paar Leute klatschten Beifall, aber schon ertönte ein neues Lied, ein deutsches, diesmal aus der Gruppe der Pieselang-Kinder, dirigiert von Oma. Rolf schlug dazu den Takt auf der Trommel. Die Leute auf dem Platz waren sich noch nicht einig geworden, ob das italienische oder das deutsche Lied schöner geklungen hatte, als schon wieder die Volpones ein Lied schmetterten, dann die Pieselangs, dann die Volpones und so weiter, immer abwechselnd einmal deutsch und einmal italienisch.

Die Zwillinge, die noch zu klein zum Mitsingen

waren, fassten sich an den Händen und stolperten im Takt auf ihren kleinen, dicken Beinen umeinander. Das war ein Signal für die anderen Kinder auf dem Platz. Sie griffen nacheinander, bildeten eine lange Schlange und tanzten um die singenden Volpones und die Pieselangs, mitten durch die Pfützen, die noch vom Gewitter übrig geblieben waren. Die Studenten und die Arbeiter aus der Fabrik schlossen sich den Kindern an, die Mütter der Kinder lachten und klatschten in die Hände.

Nur die meisten Bauern hielten sich noch zurück. Sie wären nach der Kirche viel lieber ins Wirtshaus zu einem Bier gegangen und hätten sich später zu Hause von der Frau den gewohnten Sonntagsbraten servieren lassen. Aber die Bäuerinnen bestanden darauf, dass die Männer bei ihnen blieben und sie später gemeinsam in der Pizzeria zu Mittag essen würden.

Die Bauern waren misstrauisch. Was würde man ihnen dort für ausländisches Zeug vorsetzen? Es hatte sich schon herumgesprochen, dass die Nonna dort nicht nur Pizza servieren würde. Gewiss, die Suppe damals hatte gut geschmeckt, aber wer wusste, was die Italienerin sonst noch zusammenkochte und ob man sich beim Essen der fremdländischen Speisen nicht blamierte. Wer würde sich zum Beispiel an diese glitschigen Dinger, die Spaghetti, heranwagen – sicher niemand.

Unterdessen hatten sich die Volpone- und die Piese-lang-Familie zu einem gemeinsamen Chor zusammengefunden und sangen zum Abschluss auf Deutsch: „Hoch auf dem gelben Wagen!" Die Dorfkinder, die Frauen, die Studenten und die Arbeiter und auch einige Bauern sangen mit. Es war ein vergnügter, brausender Chor, von dem die Tauben, die auf dem Rathausdach hockten, aufgescheucht wurden, dass sie mit rauschendem Flügelschlag über den Platz strichen.

Nun wurden die Pforten der Pizzeria geöffnet. Es war ein kaum glaubliches Gedränge. Im Nu war der kleine Raum bis auf den letzten Platz besetzt, und draußen standen viele Enttäuschte. Oma, die die Lage sofort überblickte, bat die Studenten, aus dem „Ochsen" Tische und Stühle herbeizuschaffen und mitten auf den Platz zu stellen. Der Ochsenwirt hatte nichts dagegen, weil seine Frau ihn nun endgültig verlassen hatte. Zum Bier würden die Bauern am Abend bestimmt bei ihm einkehren, schon um einen Ort zu haben, an dem sie endlich unter sich waren, weil die Frauen ihn nur ungern betraten.

In der Pizzeria und auf dem Platz studierten die Bauern misstrauisch die lange Speisekarte. Was bedeutete das nur alles: „Gnocchi, Ravioli, Tagliatelle, Bistecca alla pizzaiola, Saltimbocca alla romana, Maiale." Da sollte sich einer zurechtfinden! Aber schon war die freundliche Julia da, erklärte und beriet, an anderen Tischen Mario und Vater Volpone, dessen Eisdiele erst am Nachmittag geöffnet wurde. Die meisten Bauern wählten „Maiale", als sie erfuhren, dass das Schweinebraten war und dass das Schwein vom Bürgermeister stammte. Aber zu ihrer Verwunderung hatte die Nonna es ganz anders zubereitet, als sie es gewohnt waren. Doch es schmeckte erstaunlich gut. Sie kauten, schmatzten und schluckten und vergaßen ihr Misstrauen und ihren Ärger. Die Bäuerinnen, die Studenten und die Arbeiter wagten sich auch an andere Gerichte, und des Lobes auf die Kochkünste der Nonna war kein Ende.

Trotz aller Vorbereitungen hätte die Nonna es aber nie geschafft, so viele Gerichte zu bereiten, wenn ihr nicht Oma, Brigitte, Karoline und Maria tüchtig in der Küche geholfen hätten, Gemüse zu schneiden, Soßen zu rühren, Pizzateig zu kneten, Spaghetti und Ravioli zu kochen. Unerwarteterweise wurden auch Spaghetti gegessen. An einem langen Tisch auf dem Platz saß die Jugend des Dorfes und ließ sich von Peppino, Alessandro, Peter und Rolf im Spaghetti-Essen unterrichten.

„Ihr lernt das bestimmt nie!", hatten die Pieselang-Kinder behauptet und damit den Ehrgeiz der Dorfkinder angestachelt.

Manche der Bauernkinder stellten sich etwas ungeschickt an, aber das war nicht schlimm, weil die Hunde und Katzen des Dorfes, die unter dem Tisch lauerten, auf diese Weise auch etwas von dem Schmaus abbekamen.

Für besonders geschicktes Spaghetti-Essen verteilten Peter und Alessandro selbst gebastelte Orden. Aber niemand am ganzen Tisch, darüber waren sich alle einig, konnte mit den langen Nudeln so elegant fertig werden wie Rolf.

153

„Wie machst du das bloß?", wurde er gefragt.

„Ist doch ganz einfach", sagte er, „guckt mal, so –

ecco – subito!" Aber keiner konnte den flink wirbelnden Fingern folgen. Rolf war der Held des Tisches, obgleich niemand gerne neben ihm saß, weil der Negerkopfputz vom Hexer so schrecklich nach Mottenpulver roch.

Sogar der Hexer war da, saß mitten zwischen den Bauern und futterte, was das Zeug hielt. Er konnte es sich leisten, denn er war, wie er stolz erklärte, „Ehrengast" und brauchte nichts zu bezahlen. Trotzdem schimpfte er auf die Nonna: „Also, dieses Weib hat mich fast umgebracht mit ihrer Sauberkeit! Bin ich ein Fisch, dass ich dauernd baden muss, und ist mein Haus ein Aquarium? – Aber kochen kann sie, das muss man ihr lassen!"

Zur Eröffnung der Eisdiele am Nachmittag fand auf dem Marktplatz ein großes Kinderfest statt. Am Sackhüpfen wollte sogar der Bürgermeister teilnehmen, aber es fand sich kein Sack, der groß genug für seinen dicken Bauch war. Orden gab es für die Sieger im Eis-Wettlecken. Schwieriger war aber ein Wettbewerb, bei dem derjenige gewann, der seine

Eiswaffel am langsamsten schleckte. Zu langsam durfte man dabei auch nicht sein, weil einem sonst das geschmolzene Eis durch die Finger lief.

Die Zuschauer bei diesen Wettkämpfen genossen in Ruhe Vater Volpones köstliches „Gelato". Da gab es Waffelhörnchen mit Himbeer-, Vanille-, Schokoladen-, Erdbeer-, Zitronen- oder Bananeneis; Glasbecher, in denen das Eis mit Früchten und Schlagsahne garniert war, Eis in Baiserschalen und Eistorte, Eis, in dem kandierte Kirschen versteckt waren, Vanilleeis mit heißer Schokoladensoße und die Krönung: Apfelsineneis in ausgehöhlten Orangen.

Der Abend sollte mit einem großen Pizzaessen und Feuerwerk beschlossen werden. Vorher mussten die meisten Mütter erst einmal ihre eisverklebten Kinder in die Badewanne stecken. Sauber geschrubbt und in frischen Kleidern erschienen sie dann wieder, als es dunkelte. Keines der Kinder aus dem Dorf ließ sich heute früh ins Bett schicken.

Die Nonna stand mit hochroten Wangen und Schweißperlen im Bärtchen auf der Oberlippe in der Küche und buk Pizza, Berge von Pizza, die, knusprig und lecker duftend, mit Tomaten, Sardellen, Salami und Käse belegt, mit Basilikum, Oregano und Rosmarin bestreut, von Julia, Mario und Maria den Gästen serviert wurden. Wieder hatte man Tische und Stühle aus dem „Ochsen" auf den Platz geholt. Das ganze Dorf hielt mit, wenn die meisten auch von dem guten Mittagessen der Nonna und dem vielen Eis ziemlich satt waren. Aber kosten wollte man Nonnas Pizza doch. Dem Bürgermeister schmeckte es so gut, dass er zehn Stück verdrückte. Seine zum Fest geplante Rede musste dann allerdings ausfallen, weil er danach nur noch schnaufen konnte.

Die Kinder wurden immer unruhiger. „Wann kommt es denn?", fragten sie. „Wann ist es denn so weit?"

Endlich schloss Vater Volpone für eine Stunde seine Eisdiele. Er, Mario, Jan, Heiner und ein paar Studenten gingen in den Garten hinter dem Häuschen und hantierten da geheimnisvoll.

Plötzlich stiegen von dort die ersten Feuerwerksraketen in die Luft: grün, rot und blau, dann ein blendender Komet, der am schwarzen Nachthimmel herumwirbelte und Kobolz schoss. Eine goldene Fontäne sprühte empor, verschmolz mit einer silbernen. Ein ganzer Strauß von bunten Lichtblumen blühte über dem Marktplatz auf, immer neue schillernde Sterne zuckten und verlöschten, ein purpurrotes Feuerrad drehte sich wirbelnd über dem Dach der Pizzeria, und zu gleicher Zeit brannten an jedem Fenster des Hauses die Pieselang- und die Volpone-Kinder Wunderkerzen ab, sodass das Häuschen mit all den sprühenden Lichtern wie ein Feenpalast aussah. Und bei den letzten verglimmenden Lichtern begann der Tanz auf dem Marktplatz. Die Studenten schwenkten die Mädchen aus dem Dorf, die Arbeiter aus der Fabrik ihre Frauen und Freundinnen und die Kinder fassten sich an den Händen und hüpften dazwischen herum. Heiner hielt Julia fest im Arm, Alessandro wirbelte Brigitte herum, Vater Pieselang die Mutter; der Tanz von Jan und Maria aber wirkte eher wie ein Ringkampf.

Ein paar Jungen und Mädchen aus dem Nachbardorf waren herübergekommen und sagten neidisch: „Also, bei euch ist ja was los!"

„Na ja", rief man ihnen zu, „wir haben ja auch unsere Italiener!"

Die Bauern hockten nun endlich im „Ochsen" hinter ihrem Bier. Sie sprachen wenig, sahen aber ganz zufrieden aus.

In der Küche der Pizzeria saßen sich Oma und die Nonna gegenüber, jede mit einer Tasse Kaffee in der Hand. Die Nonna hatte die geschwollenen Beine auf einen Stuhl gelegt und sah zerzaust und erschöpft aus. Die sonst so ordentliche Frisur von Oma war aufgelöst, ihr Kleid hatte einen großen Tomatenfleck, und die Augen drohten ihr zuzufallen. Doch sie lächelten sich zufrieden an, und die Nonna sagte: „Grazie, Oma!"